编委会主任　卢伟平
编委会副主任　樊三宝　黄清玉　熊志刚　万　敏
　　　　　　　宋亮生　谢为民　薛有旺　黄小华
　　　　　　　魏宏平　余　刚
编　　　委　　张　菁　罗　平　钟春发　郭子东
　　　　　　　丁慧兴　余　颖　张恒立　衣　萍
　　　　　　　徐　峰　杨晓辉
主　　　编　　卢伟平
副　主　编　　樊三宝　余　刚　饶小敏　刘绍友
编　　　辑　　户才斌　周　鉴　熊希锐

Shenbian De Gandong
身边的感动

"兴家风、淳民风、正社风"
2021年度南昌市榜样人物

卢伟平 / 主编

江西人民出版社
Jiangxi People's Publishing House
全国百佳出版社

图书在版编目（CIP）数据

身边的感动："兴家风、淳民风、正社风"2021年度南昌市榜样人物 / 卢伟平主编. —南昌：江西人民出版社，2022.7
　ISBN 978-7-210-14123-5

　Ⅰ. ①身… Ⅱ. ①卢… Ⅲ. ①精神文明建设—人物—先进事迹—南昌 Ⅳ. ①D648

中国版本图书馆CIP数据核字（2022）第171813号

身边的感动：
"兴家风、淳民风、正社风"2021年度南昌市榜样人物　　卢伟平　主编

SHENBIAN DE GANDONG：
"XING JIAFENG、CHUN MINFENG、ZHENG SHEFENG" 2021 NIANDU NANCHANG SHI BANGYANG RENWU

责 任 编 辑：周伟平
封 面 设 计：同昇文化传媒

 出版发行

地　　　址：	江西省南昌市三经路47号附1号
网　　　址：	www.jxpph.com
电 子 信 箱：	jxpph@tom.com
编辑部电话：	0791-86898054
发行部电话：	0791-86898815
承　印　厂：	南昌市红星印刷有限公司
经　　　销：	各地新华书店

开　　　本：787毫米×1092毫米　1/16
印　　　张：7.75
字　　　数：110千字
版　　　次：2022年7月第1版
印　　　次：2022年7月第1次印刷
书　　　号：ISBN 978-7-210-14123-5
定　　　价：22.00元
赣版权登字—01—2022—421

版权所有　侵权必究
赣人版图书凡属印刷、装订错误，请随时与江西人民出版社联系调换。
服务电话：0791-86898820

前言

中华民族历史悠久,有着 5000 多年的璀璨文化。博大精深的中华文化孕育和滋养着中国精神,中国精神是中华文化的内核和精华。习近平总书记指出:"精神是一个民族赖以长久生存的灵魂,唯有精神上达到一定高度,这个民族才能在历史的洪流中屹立不倒,奋勇向前。"习近平总书记就精神文明建设作出的一系列重要论述,提出的一系列明确要求,为推动新时代精神文明建设指明了方向,是我们矢志不渝地深入推进"三风"活动的根本遵循。

伟大时代呼唤伟大精神,崇高事业需要榜样引领。通过 7 年来的不懈推动,"三风"活动已成为南昌市加强精神文明建设的一张亮丽名片和重要抓手。

《身边的感动——"兴家风、淳民风、正社风"2021年度南昌市榜样人物》编选了19位（组）2021年度南昌市"三风"榜样人物的先进事迹。他们中有凭着"一眼一指"为患者指点迷津的瘫痪女博士王磊，有用滚烫的爱心焐热冰冷的湖水，托举生命希望的姜泳，有"你是风儿我是沙""你若是铁轨，我甘当枕木"的贤内助张文玲，等等。伟大出自平凡，英雄来自人民。正如习近平总书记所说，只要有坚定的理想信念、不懈的奋斗精神，脚踏实地把每件平凡的事做好，一切平凡的人都可以获得不平凡的人生，一切平凡的工作都可以创造不平凡的成就。

  在实现第二个百年奋斗目标新的赶考之路上，迫切需要通过道德精神的力量营造崇德向善的浓厚氛围和强大的精神合力，把榜样人物的先进事迹和崇高精神，转化为广大人民群众的自觉道德追求和道德力量，为南昌巩固提升发展首位度，充分彰显省会担当，奋力在描绘好新时代江西改革发展新画卷中挑重担勇争先提供强有力的精神力量和道德支撑。

编者

2022年6月

目录 contents

瘫痪女博士的励志"从医路"
　　——记"三风"榜样人物王磊 ················· 2

厚德载物　善行无疆
　　——记"三风"榜样人物姜泳 ················· 7

孝爱伉俪比翼飞
　　——记"三风"榜样人物张文玲 ··············· 13

爱的坚持有奇迹
　　——记"三风"榜样人物罗安民 ··············· 20

不离不弃撑起家　勤劳拼搏奔小康
　　——记"三风"榜样人物刘红玲 ··············· 25

坚守承诺让爱传递
　　——记"三风"榜样人物饶满 ················· 29

大山里的邮递员
　　——记"三风"榜样人物邓六林 ··············· 36

情系桑梓　初心织梦
　　——记"三风"榜样人物邹自国 ··············· 42

勇担使命　筑梦创新
　　——记"三风"榜样人物董帅 ················· 47

我寄初心与鸿雁　拳拳匠心谱芳华
　　——记"三风"榜样人物刘雁华 ················· 52
四季更迭，最是那小巷里的一抹红
　　——记"三风"榜样人物"邻里马甲"志愿服务队 ········ 59
洪城最美"店小二"
　　——记"三风"榜样人物周银飞 ················· 66
村民健康的"守护神"
　　——记"三风"榜样人物叶安堂 ················· 73
与病毒赛跑的疾控"网红妈妈"
　　——记"三风"榜样人物赖玉珍 ················· 79
扎根社区基层　十年倾心为民
　　——记"三风"榜样人物尹丽丹 ················· 85
明子哥的"明天"
　　——记"三风"榜样人物魏明 ·················· 91
为老人打造幸福港湾
　　——记"三风"榜样人物朱平秋 ················· 97
做孩子们心里的那道光
　　——记"三风"榜样人物徐丽 ·················· 103
以百姓心为心　做群众贴心人
　　——记"三风"榜样人物赵婷婷 ················· 109

后记 ································· 113

王磊

致敬词

身陷苦痛,热情如火。凭着「一眼一指」,凭着医者的初心和承诺,你为患者指点迷津,你为自己写下精彩的段落:「生命以痛吻我,让我报之以歌。」

瘫痪女博士的励志"从医路"
——记"三风"榜样人物王磊

她是"80后"临床医学博士,心系救死扶伤;她曾是江西省三甲医院医生,一场突发疾病让她全身瘫痪。但她仅凭着一只眼睛、一根手指与命运抗争。2016年以来,她用"一眼一指"免费为网友提供医学咨询,迄今已超过8000小时。她凭着医者的初心和大爱,开辟了一条崭新、精彩的人生之路。

工作一年突发疾病全身瘫痪

王磊,生于1982年,自幼学习成绩优异,2011年取得中南大学湘雅医学院临床医学专业博士学位,毕业后进入南昌大学第二附属医院神经内科工作。

天有不测风云,2012年12月13日晚,王磊下班回家后突觉身体不适,头晕并伴有强烈的呕吐感,随即昏倒在地。虽然她立即被送往医院抢救,但大面积脑干出血,出现2/3面积的横断损伤。当时,王磊已怀有4个多月的

身孕。

"由于病情严重,怀孕期间王磊深受折磨,肚子里的孩子不断长大,她持续中枢性高热,高烧40℃是常态,整个人不得不躺在铺满冰块的'冰床'上降温。"王磊的母亲陈顺英说。

2013年4月,王磊成功产下一名男婴,取名思源。然而,命运带给她第二次考验。孩子出生2周后,她第二次脑出血,直接瘫痪在床,不得不住院治疗。丈夫提出离婚,雪上加霜。2014年下半年,出院后的王磊无法正常起居,后遗症较多,在父母的帮助下,她慢慢开始康复训练。起初,肌肉萎缩、无法发力的她只能躺着,需要搀扶才能站立。

6年多时间里,经过不断练习站立和踩脚架,如今,她可以坐上轮椅,借助器械站立了。但她不得不辞去医院工作,赋闲在家。

"敲"开新生活　开辟人生新路

"我必须做点什么!"王磊曾陷入绝望与痛苦,但作为医生的责任感促

使她不断自省。2016年，在家人的帮助下，她创建了"花甲论坛"。这是一个关注老年人健康的公益性科普论坛，网友可查询医学知识，免费进行医学咨询。

健康科普网站"花甲论坛"，它是在王磊生病后，肢体近乎瘫痪的情况下完成的。

虽然无情的病痛给王磊带来了巨大的痛苦，但是她的思维能力没有受到影响。现在，她能熟练地用右手的一个手指完成电脑操作。回想起创办网站之初的经历，王磊说远比现在艰辛。

"我现在不能正常上班，只能通过论坛帮助更多的人。"王磊说。在她5年多，8000余个小时的精心维护下，目前该网站已有4124名会员，帖文7154条。

然而，对长年瘫痪、手脚萎缩，只有一只眼睛能看、一根手指能动的王磊来说，创建论坛远比想象的艰难。"打字很慢，最开始1分钟只能打两三个字，有时会花上2个小时来回复1名网友。"如今，王磊每天的工作，就是在论坛上发表一些专业的意见，并对病人的问题给予回复。她每天可以回复10个左右病人。

由于脑出血后遗症，王磊患有严重的眼疾，每隔一段时间就要滴一次眼药水，只能依靠左眼看屏幕。就这样，她坚持每日花4个小时维护论坛，确保网友的每个提问24小时内得到专业、全面、清晰的回复。

面对病痛，王磊选择的是坚强。困难重重，王磊没有放弃，而是选择迎难而上。她热爱医生这个职业，抱有强烈的使命感。医生是百姓健康的守护者，同时，医生也是普通人，也会受病痛折磨。

唐震宇是王磊的前同事，现任南昌大学第二附属医院神经内科主任医师。他说："王磊在医院工作期间勤恳、负责，对待同事、病人十分和善，大家都很喜欢她。"当了解到王磊创办论坛后，一些前同事自发加入，向网友分享医学知识。"学医是我的梦想，我们的国家、社会都需要医生这个职业。"王磊说，这是她的初心，未来她还想把这个网站推广给更多的人，让更多的医生加入其中，一起免费给大家解决一些问题。

命运以痛吻她，她却报之以歌。如今，遭遇不幸的王磊，一边与病魔抗争，一边以另一种方式坚守初心，延续医学梦想，回报社会大众。

姜泳

致敬词

湖水寒凉,爱心滚烫。

危急关头,你挺身而出,托举起生命的希望。你用行动证明了体育人永不退缩的精神,你用善举诠释了新时代政协委员的责任与担当!

厚德载物　善行无疆
——记"三风"榜样人物姜泳

姜泳，男，1978年出生，市政协委员、农工党党员，现任市体育事业发展中心副主任，兼任市田径、足球协会副主席，市八一篮球协会运营公司董事长。2021年8月10日，正在青山湖湖畔对运动员进行训练指导的他，不顾自身安危，勇救落水女子。他知险而上，用勇敢、大无畏的爱心彰显着超越平凡的勇气和道德的光辉。他继承和弘扬了中华民族优良的传统美德，彰显了榜样的力量。

厚德载物　英勇谦和

"人命关天，当时想法很简单，就是第一时间救人！""我只是做了该做的。当然，做了好事我还是很开心的。"当被问及轻生女子处于千钧一发的生死关头，他出手相救一事，姜泳一如既往地谦虚，乐呵呵地一语带过，好像做了一件再平凡不过的小事。这个高大英俊的北方汉子有着一颗温暖、柔软犹如金子般闪光的心。

2021年8月10日下午6时许，南昌市青山湖风景区，姜泳正在湖边对运动员进行训练指导。"有人掉进湖里了，快救人！"有人奔走呼救。姜泳立即奔向事发地，看到湖里一个人影已沉下去。当时的青山湖刚刚下过雨，湖水水位较高，岸上围观的群众很多，望着浩大的湖面都不敢贸然下去施救。

危急时刻，姜泳一边叫人去开摩托艇救人，一边就近拖来一条皮划艇训练用船，向200米外的落水人员奋力划去。市体校青山湖训练中心教练陈柏和汗青体育公司员工林天琪、黄辅政也闻讯划船赶来。有着体育专业技术特长的姜泳率先赶到，一把将年轻女子从水中拉起。但该轻生女子情绪激动，不愿配合救援，在湖水中浮浮沉沉，姜泳只好多次探出身体的大半部分对女子进行施救。由于皮划艇训练用船一次只能承载一个人，女子在挣扎的过程中，姜泳也是险象环生，几次差点落水。但他完全不顾自身安危，一心想尽快将轻生女子救起，因为时间就是生命！"你还这么年轻，千万不要想不开啊，家里好多亲人在等你回家！"姜泳一边稳住船身，一边对女子进行劝说和施救，最终将女子成功拉出水面，并与赶来的几人合力将女子转移到开来的摩托艇上。被救后，落水女子不停吐水，身体非常虚弱，嘴唇发青、眼睛通红、全身发抖。姜泳等人赶紧用平时积累的急救知识对其进行初步救治。"幸亏施救及时，不然后果不堪设想！"随后赶到的市120急救医务人员感慨道。次日，南昌市体育局对姜泳见义勇为的事迹予以通报表扬，江西卫视、南昌广播电视台、南昌日报社、《江西政协报》等多家媒体予以报道。

生命是无价的，见义勇为是中华民族的传统美德。姜泳的善举，托起了生命的希望，闪耀着最美的人性光辉！

善行无疆　立德树人

其实，姜泳平时就在用善行无疆诠释着自己的人生，用发自内心的高尚，彰显人性的光芒。这次面对危险他能够挺身而出，而且还能从容应对，采取急救措施，安慰被救者情绪等等，与他平时帮助那些需要帮助的人，让他们感受到社会大家庭的温暖的善行密不可分。

作为基层教练员，姜泳不仅具有很强的责任心，更是学生的贴心人和好榜样。由于体校学员年龄跨度及个体差异较大，情况特殊，如何让运动员健康成长，是他时刻放在心上的问题，特别是在运动员的思想健康上，他倾注了大量的心血。比如，面对当时刚刚入校、对训练抵触情绪极大的杨佳丽，姜泳不厌其烦，时刻关注她的思想动态，发现问题及时加以纠正。在日常管理中，姜泳对她在生活上给予关心呵护，让她感受到家庭般的温暖，能安心训练。最终，凭借着自己的努力以及姜泳等教练员的悉心指导，杨佳丽获得了2018年雅加达亚运会冠军和2013年全国冠军。而杨佳丽只是姜泳所培养的众多运动员中的代表，姜泳为学生成人成才付出的心血可想而知。为了提高运动员的技术水平，他经常加班加点，无私奉献，一对一有针对性地指导，从不呵斥打骂运动员，让运动员们能开开心心地掌握真本领。

姜泳常说，孩子是祖国的未来，一个运动员背后就是一个家庭，把小运动员们带好，就是对他们整个家庭最深切的关爱，也是在用心呵护祖国的未来。大爱无疆，姜泳用自己平凡而伟大的善举演绎出了人间大爱。

作为皮划艇运动员，姜泳曾获得28次全国冠军；在1999年亚洲皮划艇锦标赛上他荣获200米及1000米冠军。作为南昌市第二体育学校皮划艇教练员，姜泳也是硕果累累：迄今已向省体校输送队员20余人，进入国家集训队3人；获第一届全国青年运动会金牌3枚、银牌1枚、铜牌1枚；获全国青年锦标赛金牌20余枚，全国锦标赛金、银牌各1枚；获世界青年锦标赛第4名；获第十三届全运会银牌2枚。2013年至2016年，他获得南昌市群众体育先进个人；2014年至2018年，他获得江西省群众体育先进个人、江西省青少年训练"100精英教练员"；2015年，他被选为南昌市政协委员。

国无德不兴，人无德不立。姜泳一直在用高尚情操立德树人，用实际行动诠释德才兼备的含义。

不畏艰险　迎难而上

大爱无言，姜泳时刻心系群众，令人肃然起敬。2020年夏天，突如其来的洪灾侵袭赣鄱大地，姜泳毅然报名参加抗洪救灾，并成为市体育局系统抗洪突击小分队队长，带队奔赴南昌县泾口乡防汛任务较重的地区。汛情就是命令，时间就是生命。在参与防汛抗洪的日日夜夜，姜泳大力发扬体育人奋勇拼搏、不畏艰险的精神，连续奋战在抗洪大堤上，并且始终冲锋在前，勇于担当，严守纪律，堵漏巡堤，叫响"人在堤在"的豪壮誓言，用实际行动践行了无畏牺牲的宝贵精神，受到了灾区群众的高度赞扬。

排除万难　只因爱"你"

仁者爱人。在 2020 年初的新冠肺炎疫情防控期间，作为市体校总务科负责人，姜泳放弃节假日休息时间，不辞辛劳地跑遍南昌市所有区县的大小医院、药店，只要导航可以搜索到的地方，哪怕是再偏远，他也要去，饿了就随便吃口面包充饥，累了就找个服务区小憩一下。他不顾一切，心心念念的只是为学生多筹措一点防疫物资。功夫不负有心人。在当时防疫物资短缺的情况下，通过多方面努力，他最终筹措到口罩 600 个、医用酒精 30 公斤、84 消毒液 20 公斤，为春季学校顺利开学和打赢抗击新冠肺炎疫情阻击战作出了积极贡献。

"我只是做了自己应该做的。"姜泳的话是那样地朴实，他的行动是那样地可贵。他对待别人将心比心，用宽广的心胸，用实际行动体现危难之处显身手、关键时刻敢担当的品格。他的品格、精神与行动，来自一如既往发自内心的高尚，彰显了人性的光芒，生动诠释了"三风"精神，为社会树立了学习的好榜样。

张文玲

致敬词

相爱相伴,相向而行。十年如一日,孝老又爱亲。你用柔弱的双肩,用最深的爱意,挑起了三个家庭的重担。「君若是铁轨,我愿为枕木。」你的付出与坚守,温暖身边的每一个人。

孝爱伉俪比翼飞
——记"三风"榜样人物张文玲

　　为了及时救治爱人的父亲，她蜷缩在行李舱中连夜奔波数千里；为了唤醒神志不清的公公，她搬进精神病院昼夜护理52天；为了支撑一个家的温暖，她奔波于三地整整8年……她，就是毕业于解放军理工大学人防系，现供职于江西省人防工程设计科研院的张文玲。

　　2005年，因《现代青年》杂志刊发的诗歌《思念》，张文玲与大学生士兵、原南京军区驻南昌铁路局军代处王皓锦相识相知相恋，4年后步入婚姻殿堂，从此开始了一段艰难岁月的信念坚守。

奔波千里，只为与你风雨同舟

　　2009年8月，王皓锦的父亲因左侧股骨头恶化坏死住进医院，随即医院下达了手术通知书。昂贵的医疗费用，拮据的经济条件，让身为长子的王皓锦感到窒息。更让家人着急的是，性格倔强的老汉坚决不肯做手术。晚上9点，远在南昌上班的张文玲电话里"听"出了丈夫的低沉情绪。第

　　二天一大早,在病房陪护的王皓锦蒙眬中感觉有人过来,仔细一看,竟是张文玲拎着热气腾腾的早餐站在了面前!"你咋到了?"面对丈夫的惊讶,张文玲只是轻描淡写的一句话:"向单位请了假,搭上了昨晚的末班车。"

　　随后几天,给王皓锦父亲喂饭喂药、擦身洗脚,张文玲忙个不停。邻床的病人非常羡慕,说:"就是亲生女儿也不过如此啊!"将公公的护理工作安排妥当,张文玲的假期也到了。王皓锦送她到车站上车,长途大巴司机蒋师傅连忙道歉。原来,那晚张文玲赶到南昌长途汽车站已经没票,她拉住末班车司机蒋师傅恳求道:"家人急病住院,今晚无论如何要赶到南京照顾!"蒋师傅顾虑超员且车上也实在坐不下当场拒绝了。可张文玲把住车门苦苦央求,说她可以待在大巴车底层的行李舱。见她快急哭了,旅客也帮着说话,蒋师傅心一软就打开了黑漆漆的行李舱……

　　长途车颠簸得厉害,行李舱里堆满了杂物,空间狭小,又闷又热,身高1.6米的张文玲蜷缩在里面伸不开腿,直不了腰,手脚麻木,胸闷头晕。

开车多年的蒋师傅也是提心吊胆,每次到服务区停车,总是赶紧打开行李舱,叫张文玲出来活动活动透透气。每次她爬出来都因双腿僵硬站不稳接连摔跤,嘴上还说"没事没事"……

听着蒋师傅的讲述,捏着张文玲悄悄留给父亲的6000元钱,王皓锦不禁泪眼婆娑。

辗转千次,只为替你担当分忧

手术后,王皓锦父亲的病情得到缓解,回到安徽老家休养。其间,小儿子的婚变打击,让平素爱面子的王皓锦父亲闷闷不乐,接连20多天把自己关在房间,不睡觉,也不愿说话,整夜整夜地抽烟,开始胡言乱语起来,出现了各种幻觉和狂躁现象,后来甚至多次离家出走。2012年9月,王皓锦家人发动亲友寻找多天,在火车站附近找到了全身污秽、神志不清的父亲后,直接将其送进了当地脑科医院。随后,医生给王皓锦父亲注射了安定剂。药效退后，忽然清醒过来的王皓锦父亲看到病房窗户的不锈钢栅栏，冷不防甩手给了身边特意请假回来的王皓锦一巴掌。张文玲一边扶住情绪激动的公公，一边用纸巾给丈夫擦掉嘴角的血迹，并用力捏了捏丈夫的手，示意他不要计较。

2014年6月，鉴于王皓锦父亲的股骨头坏死病情和精神问题越来越严重，当地脑科医院拒绝收治。情急之下，张文玲向单位请假，把公公转送到安徽省合肥市第四医院，自己守在病榻边昼夜护理照顾。了解到穴位按摩有助于神经康复，张文玲买来针灸的书籍，用自己的手臂做试验，手臂被密密麻麻地扎满了针眼。熟练之后，她用自学的医护和营养学知识精心照顾公公。

操劳千般，只为让你敬业坚守

因父亲长期住院，王皓锦家几乎耗尽积蓄，可谓家徒四壁。结婚时，张文玲主动要求婚礼一切从简，不但没要传统婚俗中的首饰、彩礼，就连房子的首付也是找自己父母借的。王皓锦很愧疚，但张文玲不以为然，反过来安慰丈夫。

孩子出生后，因婆婆要照顾卧床的公公，张文玲便动员自己的父母来帮忙。家境困难，小叔子的婚事成了公公婆婆的心病。张文玲委托亲朋好友帮忙物色对象，并取出准备装修房子的13万元帮他盖了栋二层楼房。当年小叔子就娶了亲，了却了老人的心愿。

2010年，正当张文玲攒钱准备装修房子时，一纸调令，丈夫随部队紧急赶往抚州唱凯大堤参加抗洪抢险。由于日夜奋战，风吹雨淋，劳累过度，王皓锦突发肺炎倒在抢险现场。医院里，看到胡子拉碴的丈夫，张文玲心疼不已，暗暗发誓：一定要给丈夫一个温馨的家。此后的日子里，她成了"三半人"：一边忙碌着上班，一边往返医院照顾丈夫，一边自己设计房子，自己去市场买材料，自己联系工人开始装修。28天后，当王皓锦出院回到家时，看到的是装点一新的家和张文玲幸福灿烂的笑容。

　　好日子没过几天，帮张文玲带孩子的父亲被查出来有高血压、冠心病，母亲患了肾结石……此后，她经常是这边刚带父亲检查取药，那边又帮母亲联系医生安排手术。看着女儿日渐消瘦的脸庞，父母也跟着掉泪，要给女婿王皓锦打电话。张文玲赶紧拦住，说："部队里也忙，就不要影响他工作了。"张文玲想得最多的是：自己含辛茹苦这么多年，不就是为了让丈夫安心工作吗？！这时候，怎么能拖他的后腿呢？！

　　"爱岗敬业的道钉精神，默默奉献的铁轨精神，团结协作的扣件精神，拼搏向前的火车头精神"，这是王皓锦经常念叨的"军交精神"。每当此时，张文玲都会说："你若是一段默默奉献的'铁轨'，我就甘愿充当一根铺垫铁轨的'枕木'。"

　　在张文玲的全力支持下，王皓锦先后在多个岗位上历练，始终干一行、爱一行、钻一行，年年被评为优秀士兵、优秀士官、优秀党员，多次受到上级嘉奖。

  家有贤妻，人生幸事；孝爱伉俪，比翼双飞。极具军人气质的王皓锦用一首短诗道出了心中的柔情："柔波荡漾 / 正亲吻着岸的脸庞 / 软软沙滩 / 一串履痕 / 长长 / 指向那个叫作家的地方。"这个充满温馨气息的家，是张文玲、王皓锦共同呵护的爱巢。

罗安民

致敬词

爱的坚持，创造奇迹。

你用13年的守望，呵护着哪怕微弱的光芒。不离不弃，不舍昼夜，把爱人从沉睡中唤醒，映照出爱情那份伟大的力量。你是当代童话里，真爱的守望者。

爱的坚持有奇迹
——记"三风"榜样人物罗安民

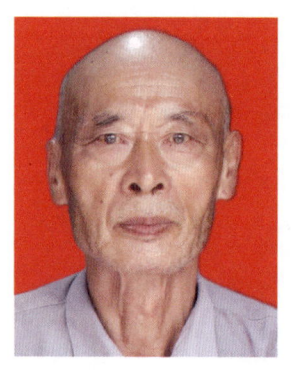

　　罗安民，男，汉族，1946年出生，南昌县三江镇徐罗村村民。

　　在南昌县三江镇徐罗村，谈起罗安民，大家都会为他感到心酸，同时也称赞他是一位了不起的好丈夫、好父亲。69岁的妻子万某莲原是村里的一名干事，夫妻二人育有两女一男，在当地算是一户幸福的小家庭。然而，2008年3月的一天，时年56岁的妻子突发头痛、肩痛，晕厥不省人事，被家人紧急送往医院抢救。当得知妻子患有脑瘤后，罗安民心急如焚，不知所措。主治医生建议要尽快手术切除，但手术需要高昂的费用，并有一定的风险……如果失败了，那就是人财两空。罗安民经过再三考虑，决定放手一搏。

　　为了尽快给妻子做手术，他省吃俭用，四处筹钱。手术那天，罗安民忐忑不安，焦急地在手术室门外徘徊……25个小时后，罗安民等来的结果却是——手术效果并不理想，术后脑水肿使妻子完全失去了意识，生命垂危。"要尽快进行再次手术。"罗安民眼看妻子又被推进手术室，心里七上八下……再次历经30多个小时的煎熬，罗安民终于盼来了妻子手术成功的喜讯。然而，妻子的性命虽然保住了，但因肿瘤长期压迫脑神经，最终导致失语、瘫痪——她成了半睡半醒的"植物人"。

　　面对已是"植物人"的妻子，罗安民没有丝毫嫌弃。他按照医生的嘱咐，细心照顾和护理妻子，独自承担起家里家外的事情。屋漏偏逢连夜雨，同年，他唯一的儿子又因车祸造成了颅脑损伤，留下了继发性癫痫等后遗症。"他不能受刺激，我不指望他能为家里做什么，只要他保持平常的样子，我就知足了。"儿子的情况让罗安民万分难过，但也只能默默地接受和面对。

　　为了照顾妻儿，罗安民不得不放弃外出打零工的机会，留守家中给妻儿洗衣、做饭、打扫屋子。每天忙好家务、农活后，他又赶紧为妻子擦洗、按摩、喂食，给儿子端饭、喂药，还要时刻留意妻子的病情变化，以及儿子的行为反应。

　　日子一天天流逝，繁重的家务、心中的煎熬，在罗安民的脸庞上留下了沧桑与艰辛的印记。躺在床榻上的妻子依旧没有任何反应，但他没有放弃，他相信，眼前的妻子只要有呼吸、心跳，他就有唤醒妻子的那一天。他相信妻子能感应到自己的努力，也定会勇敢地苏醒过来。

　　2014年的一天，正在院子里忙活的罗安民，被卧室里传来的声响惊动，他赶忙冲进里屋，发现原本坐在轮椅上的妻子躺在地上。为了扶起妻子，瘦弱的他使出全身力气，最后还是将妻子和自己绑在一起，才通过腰力慢慢地将妻子抱起。

　　安置好妻子后，罗安民仔细察看了妻子摔倒的地方，情不自禁地流露出久违的微笑。因为他感觉到，这是妻子病情好转的信号，也是自己多年来为之努力的结果。接下来的日子里，罗安民按照电视剧里的情景，买来收音机，放在妻子的床前，每天轮番播放音乐，录音给妻子听，他希望通过这样的有声刺激，促使妻子尽快苏醒过来。

22 | 身边的感动 ShenBianDeGanDong
—— "兴家风、淳民风、正社风" 2021年度南昌市榜样人物

功夫不负有心人，6月的一天，妻子自行睁开了双眼。罗安民看见这个动作后喜极而泣，他多年的努力没有白费，更坚信希望离自己不远。他开始每天记录妻子的细小变化，增加对妻子的护理次数，只要有时间，就会坐在妻子的身边，给妻子讲述自己身边的人和事，重温两人的生活片段。

然而，不久后，罗安民发现妻子有多次类似儿子那样的癫痫发作情况。与医生核实后，他得知妻子的症状属于手术后遗症的一种表现。起初，他并没有放在心上，直到7月下旬的一天凌晨，妻子突发癫痫，症状严重。这可把罗安民吓坏了，他赶紧拨打了120急救电话。当医生表示妻子瞳孔已经开始扩散，生命体征微弱，恐怕难以支撑到医院时，罗安民再也控制不住内心压抑的伤痛，一下子跪倒在地，老泪纵横："医生，请您救救我的老伴吧……请您救救我的老伴吧……"深夜，他默默地望着眼前奄奄一息的妻子，想起了与妻子一路走来的艰辛，他虔诚地为妻子祈福，彻夜未眠。"如果可以，我愿意为老伴付出一切，哪怕是我的健康，甚至是我的性命，只要能挽回老伴的平安，我愿意，我愿意。"为了爱人，他可以舍弃自己，他的真情、真爱感动着每一个人。经过医护人员的竭力抢救，妻子终于奇迹般地"醒"了……

在简陋的房子里，她静静地睡着；他总不忘停下繁忙的脚步靠在她的身旁，喃喃私语，好似有说不完的话语。"只要你活着，我再苦再累也不怕，因为有你陪伴，我的付出是值得的。"

13年来，为了妻子，罗安民不敢离家一步，时时刻刻守护在旁，悉心照顾重病的妻子。在他的精心照顾和护理下，原本只能半睡半醒的妻子现在可以坐立，有了简单的面部表情……虽然仅限于此，但他坚信，爱的力量，终将会让妻子彻底地苏醒。

刘红玲

致敬词

承诺是金,情义无价。为了一句承诺,你用一生去守护。在细碎的慢慢时光中,守望使命。在困顿的岁月长河中,传递温情。你用一颗纯洁的心,乐享着平淡的幸福,热情地拥抱着生活。

不离不弃撑起家　勤劳拼搏奔小康
——记"三风"榜样人物刘红玲

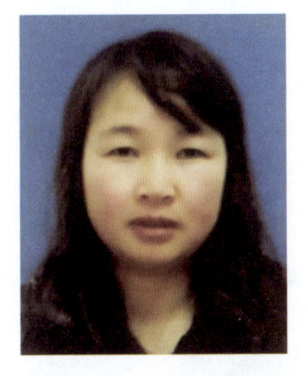

刘红玲，女，1981年出生，安义县万埠镇下庄村脱贫群众。"能上台领奖我非常激动，我是脱贫攻坚的参与者、见证者，也是受益者。"2021年6月，作为全省脱贫攻坚先进个人的刘红玲，受到省委、省政府的表彰，在接受《江西新闻联播》栏目采访时如是说。

今年40岁的刘红玲，是远嫁到安义县万埠镇下庄村的山东人，爱人张千水于2012年查出患有肝肿瘤疾病，辗转全国各大医院治疗，其间刘红玲始终不离不弃陪伴左右。花费了巨额医疗费用后，张千水于2018年6月去世，留下20多万元的债务，同年，刘红玲及女儿被纳入建档立卡贫困户。

面对沉重的债务及赡养老人（公公、婆婆已70多岁，且患慢性病）、抚养女儿的生活压力，刘红玲没有听从别人劝告一走了之，也没有怨天尤人，更没有向政府"等、靠、要"，而是毅然决然地以柔弱的肩膀扛起了生活的重担。由于无法胜任重体力劳动，每天还要照顾家庭，无法到厂区务工，经过慎重考虑，刘红玲最初选择摆摊销售服装。

从 2019 年开始，刘红玲每天清晨就从家中出发，到周边各个集镇摆摊销售服装，哪里有"赶集"哪里就有她的身影。中午收摊后她还要及时赶回家给年幼的女儿准备饭菜。日子虽然过得辛苦，但也渐渐有了起色。

2020 年底，刘红玲通过村里了解到县民政局实施了居家养老项目，可以在家门口利用闲暇时间参与家政服务。她第一时间向村委会提出申请，经过面试、培训的流程后，于 2021 年初，在茗山家护公司正式上岗。从此，刘红玲就利用下午或雨雪等无法摆摊的时间参加居家养老服务，给当地老人提供家政服务。

在家政工作过程中，刘红玲接触到形形色色、性格各异的老人。有的老人性格比较较真，不放过一点瑕疵，刘红玲不仅辛苦还经常受委屈，但

她从没有放弃。凭着做事细心、吃苦耐劳的工作劲头和贴心关爱老人的奉献精神，刘红玲获得了家政公司和老人的一致好评。

多年来的艰辛生活，丈夫离世的巨大打击，没有击倒刘红玲，反而加深了刘红玲对责任的理解、对亲情的珍惜。经过不懈努力，刘红玲不仅摆脱了贫困，还带动了其他村民一起干事创业。她担任小队长，带着自己的婆婆雷细英、姑姑张菊英成立了"清洁帮帮团"。看到刘红玲的日子越过越好，村民杨兰华等也相继加入这支队伍，跟着刘红玲一起做家政服务。

刘红玲不仅孝敬公婆，还有爱心，乐于助人。下庄村要建颐养之家，刘红玲利用闲暇时间，主动帮村里的孤寡老人、留守老人整理家务、理发等。她这种主动担当、不怕苦、不怕累、乐于助人的自强不息精神，让周边乡里乡亲都对她竖起了大拇指。

刘红玲虽然没有做出惊天动地的大事，但她这种孝老爱亲的精神是对中华民族传统美德最好的诠释。在脱贫攻坚和乡村振兴的衔接时期，刘红玲的事迹激励着许许多多困难群众：树立劳动光荣、勤劳致富的价值观，用自己的双手创造更幸福的生活。

饶满

致敬词

"饶"有力量,"满"是激情。一个人做一次好事或许不难,难的是坚持不懈做好事。无偿献血18年,帮扶已故战友家属16年,你用青春和热血,坚持了"帮扶他人、升华自己"的人生信条。

坚守承诺让爱传递
——记"三风"榜样人物饶满

饶满,男,37岁,中共党员,现任南昌地铁执法支队一大队三中队中队长。他立足岗位,时刻保持军人的作风,不忘初心,敢于担当,用实际行动诠释了军人的风采和共产党员的初心使命。

饶满是一名退伍军人。2002年12月,他在南昌市青云谱区服役;2015年7月,他光荣服役13年后退伍。

饶满是一名无偿献血者。他坚持无偿献血10余年,累计献血量2400毫升。在他的积极影响下,身边的亲戚和同事也纷纷加入无偿献血的行列,用坚持和行动,完美诠释了奉献精神,传递了满满的正能量。

饶满是一名信守承诺者。因战友病故前的嘱托,他连续16年帮扶照顾已故战友家属,用行动践行着一个退役军人的诺言。

饶满是一名一线疫情防控人员。疫情暴发至今,他始终坚守工作岗位,率先垂范,做好地铁防疫工作,保障乘客安全。

饶满是一名志愿服务者。自2016年2月进入南昌地铁执法支队工作以来，他一直热心公益事业，积极主动参加志愿服务活动。5年来，他累计参与志愿服务活动70余次。

第一时间请缨值守　保障地铁运营安全

2020年1月，一场突如其来的新冠肺炎疫情肆虐中华大地，时刻危害着人民的生命和财产安全。如何抑制这种高度的传染性疾病在人员密集的地铁上传播，成为地铁人面临的严峻挑战和考验。饶满作为南昌地铁执法支队一大队三中队中队长，担负着南昌地铁一号线谢家村站到瑶湖西站之间8个站的地铁安保、执法工作。

"从大年三十起,中队长就一直坚守在岗位上没离开过。正月初三他小孩生病了,我们都劝他回家照顾小孩,他只是笑着说家人会照顾。"中队队员说。从谢家村站到瑶湖西站,每个站人流量都很大。春节期间客运任务重要性更加凸显,防疫难度自然也是成倍增加。但不论工作难度怎样,饶满都有条不紊、一一应对。面对疫情,他更是将细心和耐心发挥到极致。"疫情防控期间,我们的责任重大,要时刻严控进站乘车关,确保每一位乘客的生命安全。我是一名退役军人,更是一名共产党员,必须冲锋在一线,战斗在一线,以实际行动诠释入党初心。"饶满说。

2021 年以来,饶满通过优化安检点设置、合理部署防疫点、对安检单位实施封闭式管理、将防疫点前移至车站出入口、在重点车站部署红外测温仪等措施,既抓实了疫情防控,又方便了乘车群众。饶满说:"我们做的工作虽然简单,但是只有日复一日坚持着这样简单的工作,才能确保身后一趟趟满载乘客的列车的绝对安全,我始终相信,我们的坚守终将换来防疫胜利的那一天。"

正是因为有这种决心和毅力,他和队员们众志成城,团结一心,共同在岗位上筑起了一道坚固的生命安全防线,有效保障了地铁运营的安全有序。

坚持无偿献血 18 载　用鲜血传递着爱心

"2003 年,一次偶然机会,我和战友得知红十字会血液中心血液紧缺的消息,便相约一起开启了无偿献血的历程。"那还是饶满在部队的时候,第一次开始无偿献血,而这一献就是 18 年。在饶满的家中,鲜红的献血证整齐地摆放在桌子上,无偿献血已经成为他生活中重要的一部分。

2020 年 2 月 2 日,饶满收到来自江西省血液中心发来的"无偿献血"短信。由于疫情防控,路上几乎见不到行人和车辆,临床用血正面临着严峻的考验。在整个春节连续不间断工作的情况下,他顾不得身体长时间的疲劳,利用

身边的感动
—— "兴家风、淳民风、正社风" 2021年度南昌市榜样人物

工作的间隙，毅然到离工作地点较近的献血站无偿献血。饶满说："昨天刚收到血站短信，立刻抽空来献血，只要祖国有需要，我时刻准备着！"

饶满献完血后，得知血库紧张程度比自己想象的还要严重，存量已无法满足正常的临床用血需求。"我一个人的力量有限，当时我就做了一个决定，发动单位的党员同事和亲戚献血。"饶满的无偿献血倡议一经发出，立即得到了同事和亲戚的积极响应，他们纷纷踊跃报名，加入无偿献血的行列。"当时有20多名党员同事无偿献血成功，他们还表示会坚持献血，鼓励更多的爱心人士加入无偿献血队伍。"饶满自豪地说。疫情牵挂着大家的心，尽管大家都戴着口罩遮住了脸，却遮不住从内心里流露出来的深深大爱、汩汩热血、片片深情。

"血液可以再造，但是人的生命就只有一次，既然献血无损身体健康，还可以拯救生命，又何必吝啬自己的血液呢！"这些年来，饶满累计献血2400毫升。

以血液为载体的爱心，在陌生人的身体内传递，让整个社会变得充满温暖。饶满表示，无偿献血是他觉得非常有价值、有意义的公益事业，今后他还会一如既往地坚持下去，以实际行动带动更多的人参与无偿献血，让更多人的生命得以延续。

连续 16 年帮扶照顾已故战友家属　坚守承诺让爱传递

为了完成已故战友的嘱托，践行对战友的承诺，饶满连续 16 年帮扶照顾已故战友家属。"2005 年，我丈夫因为意外去世，留下我和年幼的孩子，家里没有任何收入来源，当时感觉整个天都塌下来了，我不知道怎样过接下来的生活，更不知道如何把孩子养育成人！"战友的妻子杨女士说，丈夫的去世很突然，生活的压力、家庭的重担落在了她一个人身上，自己经常以泪洗面，但是饶满经常会和战友一起来看望他们，帮他们换灯泡、修水管、换煤气罐等，给他们的生活重新燃起了希望。

杨女士说，记得有一次，自己的手意外被开水烫伤，当时也没在意，晚上的时候手红肿起泡，剧痛难忍。她打电话给饶满后，饶满连忙打车送她到武警医院就医。医生说还好来得及时，要不然后果会非常严重。后来才知道，饶满当时在单位连续加了几天班，本来他自己身体也出现了痛风，要回去好好休息，但是一个电话，他就义无反顾地来了。

这么多年来，得益于饶满等人的照顾，杨女士的生活慢慢有了好转。饶满还经常性地自费购买一些生活用品给杨女士，补贴其家用。杨女士的孩子这么多年来在饶满的照顾下茁壮成长，不论是上小学、初中还是高中，饶满都会经常性地关心他的学习和生活情况，他还在饶满的影响和鼓励下当了兵，为国防事业做出贡献。孩子说正是有了饶满叔叔的照顾，才让他和妈妈可以更好地生活，自己也要像爸爸和饶满叔叔一样，替他们继续为国家尽一分力。

加入志工协会　连续5年帮扶特困家庭

饶满还一直热衷于志愿服务活动。近5年来，他参与志愿服务活动达70余次，帮扶困难群众20余人。2020年，饶满加入了南昌市小蜜蜂志工协会。当得知新建区和平村74岁戴奶奶独自一人带着3个孩子，祖孙4人相依为命，没有经济来源，靠国家的困难补助生活时，饶满下定决心要长期帮扶戴奶奶。在近2年的时间里，饶满经常和小蜜蜂志愿者们帮助戴奶奶做家务，还自费购买生活用品、学习用品，改善戴奶奶一家的生活条件。有一次，戴奶奶生病住院，家里的积蓄花得差不多了，饶满立即到医院探望，并送了5000元过去，这是他一个多月的工资。对戴奶奶家的3个孩子，饶满也是结对资助。他还动员别人一起参与资助，先后带动4个爱心人士加入资助队伍，累计资助现金5万余元。他不仅自己做公益，还带着老婆、孩子一起做公益。他说要以身作则，把自己的孩子也培养成热心、善良、对社会有用的人。

饶满用自己的行动温暖着他们，用自己的温情呵护着他们。作为一名退伍老兵，他始终牢记全心全意为人民服务的宗旨；作为一名党员，他坚持把群众的困难放在心里并帮助解决，用自己的实际行动践行初心使命。人做一件好事并不难，难的是做一辈子好事。一个人，要成为像雷锋一样的好同志，仅凭心血来潮肯定是不行的，而应当在树立坚定的理想信念后，将理想信念转化为自觉的行动。

饶满将公益、帮扶当成了生命的一部分、自己应尽的社会责任，并逐渐使之成为一种人生态度、生活方式。正因如此，他真心帮助他人，热心奉献社会的初心和信念始终不变。他用自己的情怀与坚持，感染着身边的每一个人，让温暖和爱心得以蔓延开来，传递下去。

邓六林

致敬词

心怀信念,永不放弃。

山的那边还是山,路的尽头还有路。

22年的跋涉,22年的坚守,山路弯弯,风雨兼程。「大山信使」身上的那抹绿色,早已融入到梅岭的山林里,融进了山里人的心坎里。

大山里的邮递员
——记"三风"榜样人物邓六林

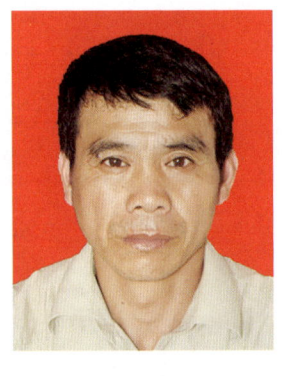

邓六林，男，1973年出生，现为南昌市湾里管理局梅岭镇邮递员。

冬日的梅岭镇，寒风刺骨，当我们还在睡梦中时，48岁的梅岭邮政所邮递员邓六林戴着帽子、棉手套和口罩开始了一天的工作。邓六林22年行走在大山深处为村民送信，获得了村民们的一致好评。2017年2月，中央文明办发布"中国好人榜"，邓六林被评选为"敬业奉献好人"。

勤奋踏实，任劳任怨，始终坚持在工作第一线

一辆挂着邮包的自行车、一身绿色的工作服，寄托了邓六林的全部"事业"，装着他对大山里乡亲们的爱。从刚开始的250元的工资干起，到如今的1800多元，他每月工作30天，每天户外工作时间超过10个小时，服务60多个自然村，日均奔走60多公里，从未叫过苦、叫过累。他就在这样的工作环境中坚持了22年。在邓六林的眼里，他投递的不只是信件，更重要

的是给山里的农民带去了有用的信息。

22年里,他与梅岭这座大山共享着风和雨,共品着冰与霜。

尽职尽责,用心服务,认真送好每一单包裹

邓六林每天早上5点钟准时起床,用单位配套的电动车载上提前分好的几十公斤的邮寄品,开始一天紧张而忙碌的投递工作。他白天送完邮件,晚上整理第二天的邮件,每天都是深夜才能入睡,从没有抱怨过,因为他喜欢这份工作。"乡亲们需要我,我也愿为大家服务,当我穿过山路将邮件送到了村民的手中,心中就有一种成就感。"邓六林说。有一次,一个袁家村的快递包裹到了邓六林的手里,快递单上的电话却联系不上。邓六林到村里一路询问,最后找到了收件人的姐姐。他了解到收件人已搬至湾里城区居住,马上表示要把快递送至湾里,最后收件人要求由其姐姐代为签收转交,邓六林才放心离开。这样的事情很多。村民让他帮忙从镇上捎点物品,

他总是满口答应，尽心服务好老百姓。家在梅岭村的高大爷说，邓六林是个称职的邮递员，十里八村的乡亲们都很敬佩他。

不畏困苦，心系群众，始终将群众利益放在第一位

22年的时间，梅岭镇的村村户户，邓六林记得明明白白，应该走什么路，去哪一家，拿到信件的那一刻，他马上就能规划出线路图。单位配套的电动车坏了，他就跨上自行车。遇上较陡的山坡，自行车根本爬不上去，邓六林只能推着笨重的自行车艰难前行。最难的是遇上雨雪大风天气，山路陡峭易打滑，骑自行车一不小心就可能摔跤，邓六林已记不清摔过多少次了。但无论多困难，他都要坚持把邮件及时送到村民手中。

2008年冬天，连续10多天的雨雪天气使得通往梅岭的路面结了厚厚的一层冰。为了保证安全，交警封了路，所有的车都开不上去，梅岭邮政所的邮件全都积压在湾里。面对恶劣的天气，邓六林坐不住了，因为他知道，

村民们在等着邮件，特别是特快加急邮件。邓六林早上5点钟起床，徒步4个小时到湾里取件，再推着载着100多斤邮件的自行车返回梅岭。因为路上结冰打滑，下山时他用草绳扎在鞋上，但即使这样，也不知道摔倒了多少次才将邮件及时送到村民们的手中。因为这股较真、这份坚持，这份对工作的认真负责，邓六林获得了乡亲们的称赞。

坚守信念，砥砺前行，在山野间散发生命的光芒

群众的需求变成了邓六林心中的信念。为了心中的信念，邓六林扎根大山深处22年如一日，扎实工作，任劳任怨。在做好本职工作的同时，他也献出了一片片爱心，令人敬佩。一个人，一辆车，22年的跋涉、22年的坚守，邓六林付出的不仅是汗水，更是一份沉甸甸的责任。岁月无情催人老，如今的邓六林已不再是当年漫山跑不知累的小伙子，额头上开始有了皱纹，可他激情的脚步依然不变，依然每天风雨无阻地穿行在曲折的山路上坚守着自己的事业，以自己的方式在山野间散发出生命的光芒，以实际行动谱

身边的感动 ShenBianDeGanDong
—— "兴家风、淳民风、正社风" 2021年度南昌市榜样人物

写了一名乡村邮递员"爱岗敬业、恪尽职守"的道德风尚。他不觉得苦,也不觉得累。那句"乡亲们需要我,我也愿为大家服务,当我穿过山路将邮件送到了村民的手中,心中就有一种成就感"成为邓六林永远的追求。

邹自国

致敬词

心系故乡,情暖故里。

难舍故乡水,不忘桑梓情。你脱下戎装,在家乡建起居家养老服务中心;你饮水思源,在母校筹建教育基金会托起明天的太阳。初心织梦,夕阳正红。

情系桑梓　初心织梦
——记"三风"榜样人物邹自国

　　邹自国，男，汉族，1965年出生，中共党员，进贤县白圩乡上街居委会人，武警福建总队原副参谋长。1983年，18岁的他响应征兵号召入伍，凭借过硬的素质和出色的表现，1988年被评为福州市新长征突击手，1992年和1998年均被评为福州市抗洪抢险先进个人，2008年被评为武警部队优秀共产党员，2009年被评为武警部队第十二届"十大忠诚卫士"。1988年至2020年，他先后荣立三等功8次。

情暖家乡老人，精心筹建养老服务中心

　　夕阳无限好，人间重晚晴。早在2018年，邹自国就得知村里有一位百岁老人，老伴去世早，家里比较困难，一个儿子年纪也很大，孙子辈都在外地打工。老人长年独居，经常吃剩饭，生病了也无人知道，这让老人的家人非常挂心。2020年，邹自国退休了，他回家的第一件事，就是建设好白圩街居家养老服务中心。看到隔壁赵家村开办居家养老服务中心如火如

茶的情景，结合白圩街有 100 多位 70 岁以上的留守老人的实际情况，邹自国萌生了在白圩街筹建一个养老服务中心的念头。在一番思索后，他联系到上街居委会负责人林军华，就这个想法跟他进行了深入探讨，两人一拍即合，于 2019 年正月初五，召集返乡过年的乡贤能人开起了茶话会，重点对居家养老服务中心项目规划、资金筹集、兴建地点等展开讨论，确定了一个初步建设方案。

邹自国又第一时间对接乡政府。乡政府表示大力支持，把金山大道旁 1 亩多的商业用地作为养老服务中心的新建用地，且积极同上级民政等部门进行沟通协调，共争取到 140 余万元的专项资金。与此同时，邹自国带头捐款 2 万元，发动其他乡贤共同捐资 70 余万元。

2020 年 10 月 25 日，投资 200 多万元、建筑面积达 1000 余平方米、设施功能齐全的白圩街居家养老服务中心正式建成。附近的老人们一天花 1 元多钱就可以吃上热乎可口、营养均衡的饭菜，还可以在饭后三三两两地锻炼、聊天、下棋，充实闲暇时间，丰富晚年生活。

到目前，该养老服务中心已有 39 位老人在这里享受服务。每当谈到邹自国，老人们都会竖起大拇指，交口称赞。

情系家乡母校，尽心建造学校励志公园

叶皆风景，木总关情。邹自国在部队工作时，每逢过年过节回到家乡总要到母校走一走，这里有他童年的欢声笑语，他深爱着这里的一土一石、一草一木。白圩中心学校有一位七年级的林姓学生，成绩优异，非常热爱学习，阅读了大量的课外书籍。特别是在课后闲暇时段，林姓学生喜欢在校园内大声朗读、激情朗诵。像林姓同学这样的学生还有很多，但他们普遍反映，一直苦于没有好的阅读场所。在看到母校闲置的一大片空地后，邹自国又萌生了一个想法，就是为母校白圩中心学校建设励志公园。在和学校一番探讨后，初步商定将空地改造成励志公园，为师生创造一个更加舒

适的工作和学习环境。

邹自国带头捐款 2 万元，号召白圩中心学校的校友们也积极参与捐款，共筹集资金 90 余万元。资金解决了，他便开始找施工单位施工，并每天到工地监工，要求施工方严格按照设计图纸施工。与此同时，他开始张罗到外地采购茶树苗、桂花树苗、银杏树苗、景观石等。如今，励志公园已经基本建设完成，共分为香樟园、茶园、桂花园、银杏园和菜园等几部分，成为学生们课后阅读的好去处。错落有致的 18 块菜园，可以为师生们授课和实践课堂所用，激发学生们的动手能力，让学生们从实践中了解和掌握农作物的成长规律。菜园产出的瓜果鲜蔬还可以供应给师生食堂，在保证安全卫生的同时，也为学校节省了一大笔开支。

情牵家乡学子，全心筹建乡教育基金会

百年大计，教育先行。邹自国深知知识的力量，要实现真正的富裕，必须从兴文化、强教育开始。在与乡党委主要负责人交流谈话时，他发现，

近年来，白圩乡党委、政府一直很重视教育事业的发展，始终把教育摆在优先发展的战略地位。但乡里唯一一所中心学校师资力量薄弱、硬件设施跟不上，而且部分学生家里很贫困。面对诸多问题，邹自国感到十分忧虑。他想，如果能成立教育基金会，将进一步完善全乡教育部门软硬件设施建设，对于调动教师教书育人积极性，特别是帮助贫困学子改善生活和学习环境，实现教育均衡发展，具有重要的现实意义。

自决定成立教育基金会后，邹自国再次带头捐款5万元，并给白圩的乡贤逐个打电话，讲解成立教育基金会的重大意义。在他的影响下，爱心人士纷纷捐款，短短几个月便筹集到资金327万元，使得基金会初具规模。与此同时，他亲自担任监事，保证基金会的良好运行。有了这笔资金，相信在不久的将来，白圩的教育事业定将蒸蒸日上，为国家培育出更多德才兼备、心怀家乡、为国效力的人才。

故土根深，赤子情长。退休在家时，邹自国不仅热心于公益事业，积极调解邻里间的矛盾，而且关注家乡教育事业和居家养老服务事业的发展。他饮水思源，不忘初心，用实际行动践行着对家乡深沉的爱，也激励着更多乡贤同心合力，积极参与家乡建设。

董帅

致敬词

创业先锋,豪迈追梦。英雄城里,创新创业蒸蒸日上;瑶湖之畔,夜经济因你而红红火火。难在敢想,贵在坚持,你的个人梦想与城市发展同频共振。你是执着的追梦人。

勇担使命　筑梦创新
——记"三风"榜样人物董帅

董帅，男，1994年出生，中共党员，江西师范大学美术学院雕塑专业2019级在读研究生。他于2018年1月创办江西艺早文化传媒有限公司，2020年7月创办瑶湖里观光夜市。作为一名新时代的青年，董帅勇担使命，筑梦创新。

保持政治自觉，勇于筑梦创新

董帅在本科期间长期担任学生干部，在思想上积极要求进步，在向党组织靠拢的过程中树立了正确的人生观、价值观和世界观。他大一时便向党组织递交了入党申请书，以习近平新时代中国特色社会主义思想为引领，认真学习党的基本理论知识，时刻关注国家大事、时事政治，增强"四个意识"、坚定"四个自信"、做到"两个维护"，并自觉将所学理论应用到学习、生活和科研之中。他积极团结同学，乐于奉献，获得了师生的好评。

在校期间，董帅积极树立创新创业的理想信念，并在实际行动中始终秉持创新精神，积极锻炼自身技能，主动参与创新创业赛事，取得了不菲

的成绩。他获得了第五届中国"互联网+"大学生创新创业大赛全国银奖、省金奖，第六届中国"互联网+"大学生创新创业大赛全国银奖、省金奖等国家及省市级荣誉30余项。

攻读研究生期间，董帅不忘初心，继续在创业路上深耕细作，积极响应"大众创业、万众创新"的号召，在筑梦创新的路上继续前行。2020年7月，他创办了瑶湖里观光夜市。短短1年时间，瑶湖里观光夜市在各大网络平台的搜索量达3亿多次，在江西本省网络热门休闲娱乐、美食排行榜上名列前茅，成为丰富青年学生、城市居民夜生活的好去处。

董帅打造的瑶湖里观光夜市共计260个摊位，创造了220个工作岗位，直接带动350余人就业，间接带动800余人就业。此外，他以瑶湖里观光夜市为基础，反哺学校，积极鼓励在校大学生进行社会实践与创新创业，对在校大学生入驻夜市摆摊实行免除摊位费的政策。自2020年7月18日营业以来，夜市平均每日人流量达5000人，商家总营业额达3000万元，并且带动周边百姓的房屋、商铺租赁价格和村级集体经济产业显著提升，获得了周边百姓的普遍认可。

崇尚实干实学，推动乡村振兴

本科期间，董帅和同学成立艺术设计工作室，致力于乡村墙绘的设计与研究，用手中的画笔为乡村增添色彩，累计服务 54 个乡镇。

在做乡村墙绘的过程中，董帅带领团队构建"规划设计＋精准施工＋营销推广＋运营管理"四位一体的乡村文旅开发新模式，以三产带动二产，以二产推动一产，成功打造了 2 个省级示范乡村，显著提升了乡村环境，激活了乡村活力。

经过董帅和团队的共同努力，累计带动农民就业超 200 人，间接带动农民就业 560 多人，让村民既不离乡也不离土，实现就近就地就业和创业。

心系教育扶贫，彰显青年担当

董帅始终坚持在服务人民、奉献祖国的道路上前行。本科期间，董帅长期活跃在志愿服务第一线，哪里有需要，哪里就有董帅的身影。他曾在学院联合老师与同学，极富创意地策划了"爱心义卖"活动。他组织院内师生创作艺术品，策划主题活动进行线上线下售卖，所得资金全部捐献给南昌市三联特殊教育学校及师大校内的贫困学子，用于改善教学环境和助力学业进步，取得了良好的社会反响。如今，"爱心义卖"活动已在全校范围各个学院普及开展，吸引全校近万名学子积极参与其中。"爱心义卖"活动坚持每年举办一次，共同传递爱心，累计募集善款 30 余万元，累计资助帮扶 50 多名困难学生。

2018 年本科毕业后，董帅积极响应团中央"到西部去，到基层去，到祖国最需要的地方去"的号召，主动报名参加中国青年志愿者扶贫接力计划研究生支教团校内选拔，并成功入选，前往江西宁都对坊乡对坊中学开展了为期 1 年的支教工作。支教期间，一方面，他站在三尺讲台，一笔一画，为农村儿童打通与外面世界的联系，赋予孩子们更多了解世界、丰富生活

身边的感动 ShenBianDeGanDong
——"兴家风、淳民风、正社风"2021年度南昌市榜样人物

的载体。另一方面,他扎根乡村,深入基层,带领团队走上田间地头调研考察,了解村民实际需求,为服务学校积极募集社会捐助,改善学校的教学环境,为贫困学子的求学之路做出了物质和精神上的双重贡献,为乡村振兴贡献了自己的青春正能量。支教结束后,他被保送至江西师范大学美术学院,继续攻读硕士研究生。

董帅在前进的道路上心系社会,不忘初心。在瑶湖里观光夜市成立初期,他便主动向高新区捐款2万余元,用于帮扶困难群众,鼓励贫困家庭在夜市设立摊位,并提供租金减免的优惠补贴政策。这一切都源于他时刻牢记新时代青年的担当与使命,敢为人先,敢于突破,以聪明才智贡献国家,以开拓进取服务社会。

创新创业,难在敢想,贵在坚持。董帅在孜孜不倦地学习中增长知识、锤炼品格,在兢兢业业的工作中增长才干、练就本领,以真才实学服务人民,以创新创造贡献国家。他始终坚守初心,踏踏实实干好每一件事,将个人梦想与时代、国家发展同频共振,用实际行动践行创造价值、贡献社会的良好风尚。

刘雁华

致敬词

点燃希望,成就梦想。

固守着这一方热土,你播撒着爱的种子。你用自己的微光,点亮孩子无限的希望。22年的资助和传递,成千上万个色彩斑斓的梦想。"姑姑"校长,桃李芬芳。

我寄初心与鸿雁　拳拳匠心谱芳华
——记"三风"榜样人物刘雁华

刘雁华，女，1963年出生，现任南昌现代外国语学校董事长、校长，民进会员，南昌市政协委员，江西省、南昌市红十字基金会理事，江西省女企业家商会副会长。

1999年，刘雁华出于热爱，一头扎进教育事业。在情注教育事业的22年里，她像个活雷锋，无偿资助200余名贫困学生完成学业，更像个守疆战士，6000多个日日夜夜陪伴着孩子们，学习、晨跑、洗衣叠被、共进午餐，一样也不落下。她荣获全国巾帼建功标兵、江西省三八红旗手、江西省五一巾帼标兵、江西省女企业家商会优秀企业家、江西省女企业家商会爱心企业家、江西省红十字会慈善爱心企业家、南昌市统战先进人物、南昌市优秀教育工作者等荣誉。

温暖的称呼折射出无微的关怀

与学生共进午餐,是刘雁华20多年的习惯。1天、2天、3天……一周过去了,原本活泼开朗的2013级新生万某顺总是耷拉着脑袋最后一个进食堂吃饭,吃的都是最便宜的青菜,有时甚至就着免费菜汤拌饭。这种突然的变化引起了刘雁华的注意,她假装巧合与孩子同进食堂。刘雁华打了一份小炒肉、一份西红柿炒鸡蛋、一份清炒包菜,端着餐盘"不经意"地走到了万某顺的身旁。万某顺怯懦地叫了声"校长好",身子往侧边挪了挪。刘雁华笑了笑把菜放在桌子中间,歉意地表示自己打多了菜,请他帮忙一起吃。吃饭时,刘雁华本想问些什么,但是万某顺话语间躲闪,几次沉默都让刘雁华愈加担心,她决定亲自家访。原来,万某顺的父母因车祸身亡,家庭的变故,给孩子带来沉重的打击。青春期的孩子,选择一切都深藏心里。

家访后,万某顺表现得更加沉闷。孩子可能会辍学!这是刘雁华的第一反应。果然,孩子的亲戚来办退学手续。刘雁华拦住说:"孩子在校期间

的学杂费全免，生活费由我个人资助，'现外'的孩子不能辍学！"孩子抹着泪哽咽道："刘校长，我可以喊您一声姑姑吗？以后，您就是我姑姑了。"从此，"姑姑"校长传遍全校。

大学毕业后的万某顺，为了报答母校，说要免费来学校给师弟师妹们上课3年。他兴冲冲地找到"姑姑"校长，却被谢绝了。刘雁华知道，一个人年轻时的历练与进取是对社会最好的回报，这是她办教育的初心。

渴望的眼神透射无限的信任

南昌县一个偏僻的小村庄里，不足20平方米的小平房里住着子孙3代：满头白发的爷爷因患肺癌卧床不起，父亲也因身体残疾不能从事劳动，唯一的收入来源便是妈妈和奶奶养鸭子、种水稻。在这样的家庭里，万某龙对读书更加渴望。

学费、食宿费怎么办？爷爷奶奶、爸爸妈妈、亲朋好友回答不了他。这个渴望读书的孩子硬是多次打电话到招生办，询问现代外国语学校能不能给他减免学杂费，他太想到"现外"上学。

2016年7月7日，烈日似火，大地像蒸笼一样，热得使人喘不过气来。刘雁华满头大汗地带领招生老师来到万某龙家。望着万某龙渴望的眼神，刘雁华微微一笑，伸手拍去孩子头发上的灰尘，当场宣布免除万某龙所有的学杂费并资助孩子到高三毕业。刘雁华掏出500元钱交到了万某龙妈妈的手上。

万某龙带着他的莽劲儿顺利进入现代外国语学校，他学习非常刻苦，每次考试都是全年级前二。最让刘雁华感动的是，这个孩子对她说："'姑姑'校长，我以后要加倍努力考一所名牌大学，然后回到咱们学校来免费当几年老师，报答您对我的知遇之恩。"刘雁华满怀欣喜地拍着小伙子的肩膀夸赞道："孩子，你是好样的！"现在的万某龙已是四川西华师范大学的研究生。

脆弱的生命见证点滴的善举

2017年的一天,学生李某突然晕倒,经确诊为急性髓系白血病,需要立即进行骨髓移植。李某的父母以打零工为生,因无力支付高额医疗费而选择了放弃治疗。心急如焚的刘雁华赶到孩子家中,发现孩子正发着高烧,脸色涨红,一天没进食了。她找来湿毛巾,不停地擦着孩子的额头,突然,猛一下,孩子用手拽着她的衣服,用微弱的声音说:"'姑姑'校长,求求您救救我!"孩子的父母也眼含热泪跟着"扑通"跪在了刘雁华的面前。"好孩子,安心养病,姑姑会有办法的。"

刘雁华的脚如铅般重地离开了李某的家,一个年轻的生命不时跳跃在她眼前。钱、筹钱、快速筹钱,是她现在立即要做的事,"聚集'现外'爱心·向白血病宣战"募捐活动很快在学校开展了起来。但是数来数去,还差几万元。深夜,劳累一天的刘雁华躺在床上翻来覆去,她推了推身旁的爱人,商量着把自家孩子结婚用的一笔钱挪上。

"孩子的命就是'现外'的命,命在希望就在",这是刘雁华说的一句话。如今,大学三年级的李某每年总要回母校看望"姑姑"校长,到学校做志愿者,她要用实际行动把这份爱心传递到校园的每个角落。

自1999年至今,刘雁华资助了200余名贫困学生完成学业,她助学帮困的故事数不胜数。有受帮扶助学硕博连读后回报社会、传递爱心的吴某;有找"姑姑"校长帮忙资助出国留学的查某春;有受"姑姑"校长无微不至关爱而立志当医生的熊某;有小时候因顽皮破坏学校热水管被开除后得到"姑姑"校长教育鼓励的付某……记得的与不记得的名字,对刘雁华来说已经不重要了,求学路上一个都不能少,比什么都重要。

无声的春雨滋润平凡的万物

早上6点半,刘雁华准时来到学生寝室,敲门,开灯,捏鼻子,拍被子,

身边的感动 ShenBianDeGanDong
——"兴家风、淳民风、正社风"2021年度南昌市榜样人物

随着一声"小懒虫，起床！"，孩子们在刘雁华的催促和监督下，到操场上紧急整队跑操，新的一天又开始了。这一跑，就是20多年。

中午的食堂格外热闹，各种可口的饭菜是孩子们营养健康的保证。刘雁华总是时不时地窜到孩子们队伍里，饭菜好不好，价格怎么样，哪个孩子只吃便宜菜，哪个孩子来得最晚，这些都是刘雁华观察记录的内容。

夜幕降临时，刘雁华时不时地来到学生寝室，帮孩子们叠被子、收衣服、整理床铺、打扫卫生，了解孩子们生活学习近况。一次，刚入宿舍楼，宿管处便告诉她一位女同学因吃了同学的方便面，正在闹意见。来到寝室调查后才知道该女生是因为生病想吃方便面。刘雁华非常理解孩子的心情，立即帮她买来方便面，并告诉她先把同学的方便面还上。刘雁华宽严相济的待生态度也是她育人的理念。

每到高考前夕，刘雁华都会专程去北京购买清华、北大纪念本，一字一句写下对每个孩子的祝福和嘱托。当好人生路上的引路人，是刘雁华从教的初心。

周末，不少孤儿回不了家，刘雁华就带他们去图书馆、纪念馆、公园等地方，有时也把孩子们带回家中，陪伴是最好的成长。

课间，孩子们总喜欢到"姑姑"校长办公室谈心，也有借机来讨吃的。"现外"的孩子都知道"姑姑"校长办公室有一个大大的食品柜，里面装满了大家喜欢吃的零食。男孩喜欢吃牛肉干、土豆片、曲奇饼，女孩喜欢吃话梅、蓝莓干等，这些刘雁华都了如指掌。

点滴的善小传递强大的暖流

作为学校董事长、民进会员、红会理事、商会理事，刘雁华不仅捐资2000万元设立金榜助学基金、高考学子奖学金，还积极参加各项爱心公益活动。每年带领老师和学生参加腾讯"99公益日"；以民进"1%工程"志愿者身份赴西藏林芝八一中学捐资助学，为青海玉树地震灾区的贫困学子

捐款、赠书、赠物；资助江西省红十字会发起的农村儿童预防溺水"一家一个救生圈"项目、"名著小书包"项目；坚持履行对口认养资助孤儿3年的帮扶承诺；情系国家疫情洪涝区贫困孩子，捐资捐物帮助疫情严峻的武汉贫困学子和受洪灾影响的郑州贫困学子等；500元、2000元、6000元、2万元、8万元、10万元，这些数字记录着刘雁华20多年来对困难孩子的点滴关爱。爱心如涓涓细流从她的手中流入孩子们的心田，汇聚成强大的爱心暖流，温暖全社会。刘雁华常常说自己无所成就，若有，便是孩子们的成就与明天。

"从30岁到50多岁，我一生中最美好的芳华，献给了教育，但我毫无怨言。未来的我，仍将用自己的微光点燃无限的希望。"20多年间，刘雁华默默坚守教育初心，以点滴之爱，用跬步之行，继续书写温暖你、我、他的教育故事。

关桂芳　罗文强　缪绪源

致敬词

帮助别人，快乐自己。

从最初的几十人，发展到两千多人，寒来暑往，乐于奉献，"邻里马甲"志愿服务队用热情助推社区基层治理。

你们是群众身边的暖阳，你们是街头巷尾最美的夕阳红。

四季更迭，最是那小巷里的一抹红
——记"三风"榜样人物"邻里马甲"志愿服务队

在众人眼里，年逾花甲应该喝茶、看报、承欢膝下，抑或打牌、散步、跳广场舞。然而在南钢街道和睦社区有这样一群年逾花甲的老人，他们组建了一支特殊的队伍，不分昼夜行走在社区的大街小巷、楼栋之间；他们

每日早晚高峰出现在学校门口维持秩序；他们总是在周末挥汗如雨清扫社区；总是哪里有需要哪里就有他们的身影。他们身着红色马甲，被大家亲切地称为"邻里马甲"。

和睦社区"邻里马甲"志愿服务队成立于2019年10月，因和睦社区建设南钢街道第一家叠加式邻里中心应运而生。社区将大街小巷及77个单元楼栋在原有网格的基础上，细分为118个微格，在社区招募微格员进行管理，这便是"邻里马甲"的雏形。起初仅是门前"三包"、管好房前屋后，一切的改变因那场突如其来的新冠肺炎疫情。"邻里马甲"志愿服务队的队员们角色也在不断发生变化，他们是"守门人"，是"保洁人"，是"巡逻人"，是"调解人"……更是和睦社区的"当家人"。

如冬日暖阳，守护一方净土

2020年初的新冠肺炎疫情防控工作让街道和社区的干部从年三十就开始奋战在守护一方百姓的一线，这一干便是3个多月。然而在机关、社区干部最艰难、最疲惫的时候，有个声音传来："罗主任，我们来帮你吧！"从此，在社区的每个角落随处可见"邻里马甲"志愿者的身影，他们用自己的实际行动筑起了一道坚实的防控墙，守护着一方净土。疫情防控期间，你1小时、我1小时，从早上7点到晚上10点不间断有"邻里马甲"志愿者与干部们一起严守卡口，测温、查码、放行、登记等等，无论刮风下雨，防控点那一抹红从未缺席。

疫情防控期间，"邻里马甲"志愿服务队分为以李立新为队长的小喇叭宣传队，以万丽珍为队长的楼栋消杀队，以缪绪源为队长的防控点值守队。150余名志愿者奉献了4万余小时的志愿服务时长。其中奉献时间最长的队员叫魏天荣，是一名年逾古稀的老党员,曾被评为青山湖区"三风"榜样人物。疫情期间，他最早参与疫情防控志愿服务，防控点替换社区干部执勤有他，每日身背30斤的消杀桶行走在社区的各个角落有他。

如春天甘霖，滋润着钢城大地

疫情过后,"邻里马甲"队伍迅速壮大。社区的群众看到这群穿着红马甲的人为社区做出的贡献,越来越多的人选择加入其中。社区的每个微格都有群众认领,每一次大型活动都有群众帮忙。社区的史阿姨就是这样一位热心人。退休多年的她没参加"邻里马甲"志愿服务队前,在家总觉得没事干,浑身不自在。后来报名了微格长,她每天穿着红马甲走街串巷,劝导垃圾分类,协助社区干部组织志愿者开展文明创建活动,号召居民爱护好身边的环境。史阿姨总和人说:"社区现在都成为我第二个家咯!"

随着像史阿姨一样的"邻里马甲"志愿者越来越多,社区的楼栋越来越干净了,社区的路面越来越清洁了,社区的整体环境越来越美丽了,社区邻里间的问候也越来越多了。这一切改变都是"邻里马甲"志愿服务队带来的。清扫楼栋、路面保洁、邻里调解等都有那一个个"红马甲"的身影。

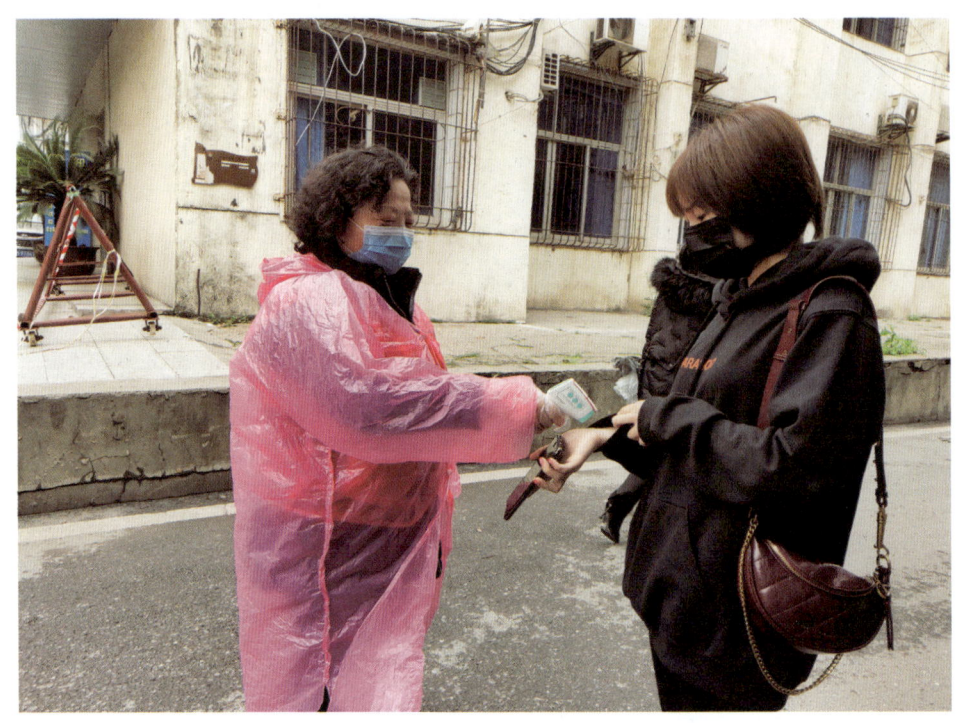

如仲夏繁星，闪烁小巷黑夜

"邻里马甲"志愿者还有一个名字，便是和睦社区平安守护者。为提升辖区内群众安全感，降低、减少辖区内偷盗事件发生概率，"邻里马甲"志愿者每日晚饭后便在社区开展义务巡逻，直至深夜。他们如夏夜繁星点点，让社区的小巷明亮如昼。

社区的关阿姨说："记得有一回，我们在巡逻过程中隐约看到车棚里有人躲躲闪闪，刚想走近询问是不是需要帮助，结果那人一眨眼就跑了，事后想来可能是个小偷。第二天停在那个车棚的电动车车主知道了都特别感谢大家呢！没想到我们饭后散散步，竟然能在不知不觉中保护社区、居民的平安呢！看来守护别人也就是在守护我们自己的家。"

如秋日奶茶，温暖街坊邻里

秋日奶茶，让丝丝凉意的人们感受到了不一样的温暖。和睦社区的"邻里马甲"志愿者们也如奶茶般为困难街坊邻里送去温暖。

左大爷和欧阳大妈是和睦社区的失独老人，老两口很长一段时间都没有走出老来丧子的悲痛，不愿出门，谈及落泪。社区"邻里马甲"志愿服务队中的"开心果"关阿姨了解到这个情况，便经常和三五姐妹们上门和老两口谈心。后来两位老人也渐渐地走出悲痛，重新开始新的生活。

85岁的独居姜奶奶，爱人已经过世，孩子因为工作忙长期在外面，她也是社区的重点关注对象。"小戴啊，我家灯泡坏了！""我家马桶堵了！"……社区"邻里马甲"志愿者就会第一时间上门，替姜奶奶解决困难。"这些志愿者真的蛮好，我年纪大了身体不好，他们就经常帮我打扫卫生，真的很感谢他们！"姜奶奶满怀感激地拉着社区居委会主任的手说。

除了关心孤寡老人，"邻里马甲"志愿者们也精心呵护着祖国的花朵。"这名家长请站在我身后等待。""您好，请把电动车掉好头，停在指定位置。"每天下午临近放学时间，"邻里马甲"志愿服务队的万阿姨就会来到青山湖区第一幼儿园门口维持秩序，倡导文明出行。"邻里马甲"志愿者们开展了"校园护航行动"。针对复学以来家长在学生下课高峰时间段接送孩子时的车辆乱停、交通拥堵等情况，志愿者们充当交通疏导员，维持交通秩序，对乱停乱放的司机朋友进行善意的提醒和劝阻，确保道路交通畅通无阻。为了更好地当好交通疏导员，万阿姨一边参与交通秩序维护，一边观察家长接送孩子的人流和车辆情况，提出很多很好的建议，比如在校园周边设置电动车临时停放点，在校门口设置警戒线隔离人群，等等。

寒来暑往，四季更迭，如今和睦社区"邻里马甲"志愿服务队已有 322 名队员。这群平均年龄 63 岁的志愿者，在短短的 1 年中，总共贡献了近 7 万小时的志愿服务时长。他们用自己的行动诠释着什么是党员的先锋模范作用，什么是社区"当家人"的奉献，什么是和谐友爱的邻里关系。俗话说，"多一个铃铛多一声响，多一支蜡烛多一分光，多一丝奉献多一分美好"。和睦社区"邻里马甲"志愿服务队的队伍还在不断壮大，队员们为社区服务的项目还在不断增加。未来，他们还将成为和睦社区破解基层社会治理难题最有效的金钥匙。家以和为贵，邻择睦而居，淳朴、友爱、和谐的民风，让和睦社区名副其实。徐志摩忘不了最是那一低头的温柔，钢城大地忘不了最是那小巷里的一抹红。

周银飞

致敬词

事必躬亲,落在实处。

在招商引资中,你是统筹协调的"指挥员""战斗员";在企业服务中,你是全周期、"店小二"式的服务员。

为产业发展奔跑,你踏过荆棘只为繁花似锦。

洪城最美"店小二"
——记"三风"榜样人物周银飞

筑巢引凤百鸟栖。从事招商引资工作20年来，南昌市商务局会展业发展科科长周银飞（南昌市投资促进局招商推进三科原科长）始终以钉钉子的精神，大力弘扬"脚上有土、心中有谱"的工作作风，以砥砺前行的精神状态、勇往直前的奋斗姿态，践行"带着热情、激情、豪情去招商，带着细心、热心、真心去帮办"的招商理念，用更高的热情、更大的干劲，始终奋斗在南昌市开放型经济建设一线。

开展精准招商，做招商引资的"有心人"

在国内国际双循环相互促进的新发展格局下，招商引资成为经济发展的"生命线"和"源头活水"。近年来，周银飞千方百计克服短板，认真梳理南昌市"4+4+X"产业发展状况，对已落户的龙头企业、链主企业、产业链生态圈把脉开方，准确定位招商引资的目标企业，精准实施一企一策的招商引资策略，全力做好招商引资工作的"有心人"，实现精准招商"不断链"。

在厦门召开南昌市"三请三回"推介会期间,她第一次接触南昌籍企业家力品药业(厦门)股份有限公司董事长叶英博士,并参观考察了力品药业(厦门)股份有限公司。该企业主要致力于创新制剂及高端缓控释制剂的产业化及国际化开发,8个创新制剂及高端制剂产品入选国家"十三五"重大专项,多个产品填补国内空白。如果该项目落户南昌将进一步优化南昌市生物医药产业布局,大大提升南昌生物医药产业发展。在她多次沟通对接,多方全力推动下,叶英董事长终于带队赴南昌市考察。她兴奋不已,认为只要来南昌考察就有希望签约、落户,于是连夜精选考察企业,设计考察线路。通过认真研究力品药业和南昌医药产业现状及未来发展方向,她反复斟酌,精心安排,准确选择了能实现双赢效果的南昌制药、济民可信、立健药业等老牌医药企业。考察中,叶英博士团队对南昌市的老牌医药企业非常感兴趣。她带着叶英博士一行踩着泥泞的乡间小路,从早上8点一直到天黑,一路走、一路看、一路谈,特别是在南昌制药,原本1个小时的考察时间,因双方找到了高度的发展契合点,座谈时间不知不觉间延长了2个多小时。事后叶英博士感叹道："南昌生物医药产业大有可为，应该早点来南昌考察！"考察之后的短短3个月里，双方经过多轮洽谈，反复选址，力品药业与南昌签订了建设高端缓控释制剂的研发及其产业化基地项目的协议。周银飞的努力达到了预期效果。

周银飞注重锤炼实际工作经验，与企业面对面洽谈，研判企业资质和项目投资，结合南昌实际情况和产业特点，为企业出谋划策、穿针引线，当好参谋。得知中国VR50强企业美房云客计划将总部从苏州迁到南昌，全力打造"无界孪生城市平台"，她火速赶往南昌VR基地美房云客公司，了解企业总部搬迁需求，宣传南昌VR产业和总部经济相关政策。当企业对项目落户红谷滩、高新区还是小蓝经开区犹豫不决时，她结合南昌产业发展布局，仔细为企业分析利弊，更加坚定了美房云客总部搬迁至南昌的信心。美房云客董事长涂强兴奋地说："得益于南昌市对VR产业的扶持，我们公司呈现爆发式发展，争取今年最晚明年将总部基地搬迁至南昌，并且美房云客极有可能成为南昌市乃至全省在北交所上市的首家VR企业。"

优化营商环境，做企业发展的"贴心人"

招来商，如何留得住？关键还要看服务。正是认准这一点，近年来，周银飞紧紧围绕"政策最优、成本最低、服务最好、办事最快"的"四最"营商环境，在如何为企业提供更好的服务上想尽办法、下足功夫，做企业发展的"贴心人"。在南昌（上海）现代服务业招商推介会期间，她了解到星巴克等一些食品连锁企业希望南昌市借鉴其他城市的做法，推行食品经营许可"申请人承诺制"。得到消息后，本着聚焦企业需求，服务企业发展的宗旨，她立马向领导汇报，请求协调市行政审批局和市场监督管理局。经过多次协调对接，在学习借鉴上海、深圳等沿海发达城市成熟经验的基础上，结合南昌市实际，在江西省率先探索实行食品经营许可承诺制。经过努力，市行政审批局和市场监督管理局在保障食品安全的前提下，进一步优化食品经营许可。2021年8月20日上午,南昌市行政审批局联合南昌市市场监督管理局向星巴克发放了江西省首张告知承诺制食品经营许可证,南昌市在全省率先实施直营连锁企业食品经营许可"告知承诺制"。

强化责任担当,做服务客商的"服务员"

一切为了招商,一切奉献招商。工作中,周银飞处处以身作则,既是统筹协调的"指挥员"、事必躬亲的"战斗员",也是服务客商的"服务员"。成立于2004年的瑞康医药集团是药械流通领军企业,周银飞从第三方了解到企业有计划投资建设医疗器械区块链、供应链及生产制造基地。了解情况后,周银飞于中秋节节后第一天上班立即组成针对该项目的专项招商团队,全力攻关。她火速搭乘当天最后一趟航班前往烟台,晚上8点开始与瑞康医药方开展多轮实质性谈判,双方一直谈判到深夜11点。瑞康医药集团董事长信心满满地说:"好事多磨,我们始终相信南昌有你们这么给力的招商团队,这次一定能够合作成功。"第二天早晨,周银飞顶着满天繁星匆

匆忙忙地赶最早的航班返回南昌，她笑着说："去了一趟人间仙境，我连仙气都没吸到一口。"无数个日夜，她奔赴在祖国的大江南北，为了赶航班或高铁，通宵达旦，为了考察企业，披星戴月，不管春夏秋冬、白天黑夜连轴奔走在祖国各地，大家都形象地称她为"空中飞人"。

在不到一年的时间里，周银飞参与接待北京滴滴科技有限公司总部、雅迪集团、易事特集团等企业来访考察6次，市级层面协调推进滴滴落户事项10余次。主动与企业联系帮助解决问题10余次。周到、细致的服务，有力地促成网约车总部、智能制造产业园、橙心优选电商等一批项目陆续签约、落户。2021年以来，周银飞服务保障走访、座谈、招商推介等各级各类活动60次（场），签约重大项目355个，协议投资总额2162亿元，引进重大项目305个，立项投资额1737亿元，开工重大项目243个，立项投资额1598亿元，投产重大项目126个，立项投资额534亿元。

坚持不断学习，做服务经济的"宣传员"

立身以力学为先，力学以读书为本。工作以来，周银飞始终把学习作为人生态度，通过学习不断提高思想修养、理论素养，克服"本领恐慌"。在赴杭州调研期间，她深入考察杭州中科院资本数字经济中心和西子智慧产业园，学习智慧小镇在数字经济特色园区建设和创新创业高端平台建设等方面取得的成绩，在深刻了解杭州市在跨境电商、特色小镇和数字经济建设等方面的先进经验做法的基础上，提出了南昌市在提升数字经济产业园和建设智慧小镇方面的建设性举措，由此形成的杭州考察调研报告获市领导的高度肯定，并供全市各县区、开发区招商干部学习借鉴。

2019年，周银飞第一次去华为公司总部考察学习，就被华为的先进技术、理念和企业文化深深感染，逐步了解华为传奇背后的成长故事。后来的工作中，她把华为的先进理念作为推动项目落地的助推器。当时的华为只在南昌设立了一个很小的办事处，为了全面推进南昌市与华为的合作，她参与

走访考察华为总部3次,参与接待华为高层来访不下5次,同时多次协调红谷滩区、经开区、市大数据发展管理局等相关县区、市直单位推动华为项目落户。在短短的2年时间里,南昌市政府、绿地控股集团与华为公司签署《中国V谷——南昌VR特色小镇框架合作协议》,合作打造"世界一流、国内领先、业内顶尖、富有特色"的VR科创城智慧城市综合性特色小镇。紧接着,投资100亿元的赣鄱数据湖项目、华为南昌研究所、VR+5G展厅项目、智慧视觉创新中心项目、华为江西区域总部项目等如雨后春笋般落户建设。华为公司扎根南昌,面向华中的发展布局,对促进全市VR/AR相关产业的发展具有重大意义。

叶安堂

致敬词

无怨无悔,敬业担当。

一个药箱,一双布鞋,你弓腰扛背走在守护乡亲的行医路上。小桥流水,春夏秋冬,你扶危济困五十余年仁爱之情从不忘。漫漫行医路,拳拳医者心。

村民健康的"守护神"
——记"三风"榜样人物叶安堂

　　在新建区望城镇小桥村，有一个村民健康的"守护神"，他叫叶安堂，今年69岁，中共党员。自从18岁从事农村医务工作以来，他51年如一日，从未因个人或家庭耽误过坐诊。

　　早年间，农村家庭主要收入来源于农业生产，但是叶安堂忙于农村医疗工作，农活主要由妻子承担。农忙时节，他也会抽空给妻子帮忙，但是只要有人在村头喊一声"安堂耶，有人要看病哦！"，就能看到他深一脚浅一脚踩着泥巴从稻田里往家跑的身影。妻子有时也会抱怨，可是看到一个个乡亲在丈夫的精心治疗下康复，心里也就释然了。家里的4个孩子耳濡目染，很早就懂得做些力所能及的事，为家庭分担些负担。

　　一直扎根农村的叶安堂，深知农村的艰辛和农民的疾苦。从医以来，他从未以营利为目的，凡有村民来看病，总是以最经济的方式给村民治疗。随着人们经济思想的活跃，一些从事医疗行业的人以"小病大治，大病狠治"的方式迅速暴富起来，叶安堂对这种现象深恶痛绝。他说："医者仁心，百

身边的感动 ShenBianDeGanDong
——"兴家风、淳民风、正社风"2021年度南昌市榜样人物

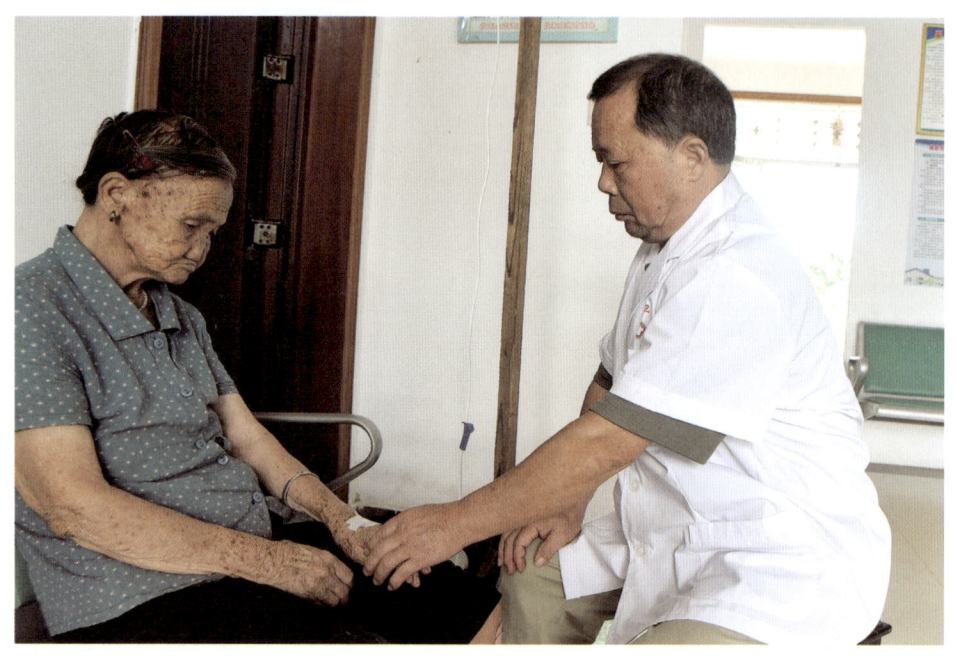

姓生病本就是一件很痛苦的事情,我们医生的职责就是帮助他们减轻痛苦,不管是从身体上还是经济上,都有义务去帮助他们。"经常有外出返乡的村民在他那里看病时说:"安堂医生,我在外面看个感冒都要花个一两百元,在你这里十几块钱就治好了,还是家里的医生好!"有时候,经济拮据的村民前来就诊,他不仅不收诊费,还热心地安排患病村民在家吃饭。遇到有群众身体原因行动不便,他就背起诊疗箱上门提供服务。叶安堂以自己高尚的医德、精湛的医术和助人为乐的情怀,无怨无悔地守护着小桥村及周边村民的健康,受到当地群众的一致称赞。因为坚持平价诊疗,患者的增加并没有给他的收入带来太大的变化,但他付出的时间却更多,经常深夜也会有急诊上门或者出门应诊,他毫无怨言,一如既往地热心工作。

开展脱贫攻坚工作时,叶安堂已经60多岁,但他没有因为自己年纪大而推诿,而是毅然接受了任务。小桥村共有建档立卡贫困户10户24人,他

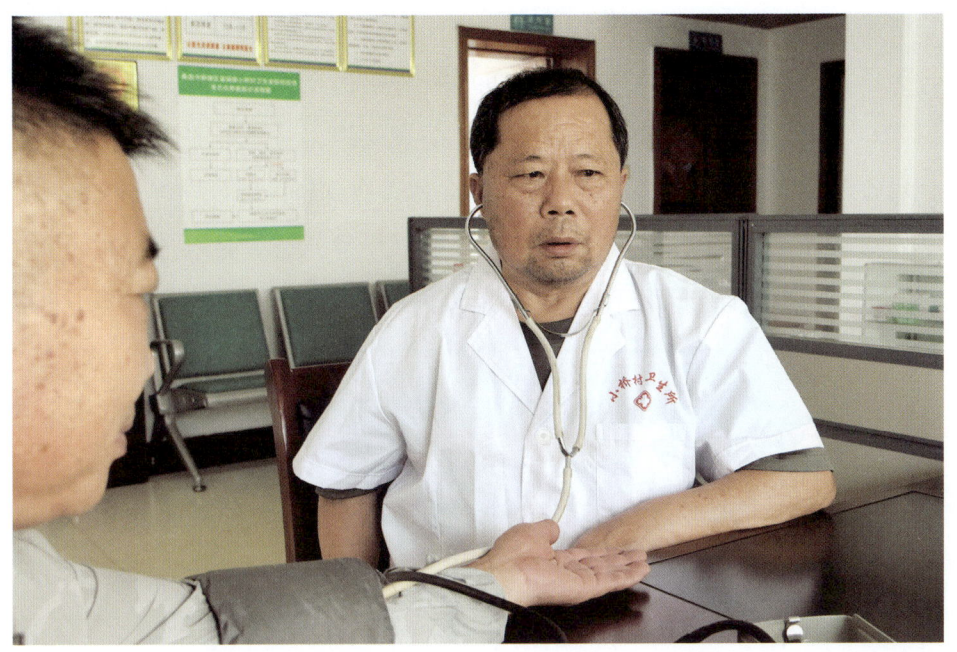

不但为每户建立了健康台账,还根据工作需要,每周定期一次上门为贫困人员进行健康体检。由于贫困户散居在全村各个自然村,每一次巡诊对他来说都相当艰辛,可他无怨无悔。他说:"有本事的群众都买房买车,到城里去生活。我是一名共产党员,帮助家里的这些'老弱病残'是我的天职,我也对得起'医生'这个称号。"贫困人员刘某勇,因从小患癫痫,时常晕倒抽搐,生活不能自理,父母对刘某勇的病情也是束手无策。叶安堂看在眼里急在心里,已经记不清多少次上门劝说刘某勇父母采取治疗措施。他主动联系上级医疗单位,并通过村委会的协助将刘某勇送往治疗。叶安堂还协调为刘某勇办理了门诊慢性病治疗手续,可以报销90%的医疗费。经过治疗,刘某勇的身体大为好转,发病频率已大为降低,刘某勇父母每次见到叶安堂都感激地拉着他的手,称他是"救星"。

新冠疫情暴发初期,叶安堂除了做好上级部门交办的各项工作外,还积极主动参与村庄的疫情防控工作,将诊所的 500 多个口罩、10 多支体温计无偿捐献给村委会。为能第一时间掌握外出返乡人员的情况,叶安堂走村入户,做好登记排查工作,宣传疫情防控知识。遇到不配合的村民,他便耐心地做思想工作,一次行不通,就多次,直到村民配合排查。

　　在做好本职工作的同时,叶安堂还积极投身公益事业。村卫生室和村小学都在村级公路边上,学生往返学校卫生室是必经之地。看到过往的小朋友丢纸屑果壳,他都会严肃地批评制止,然后和蔼地要求他们改正错误。车辆较多时,他积极引导车流,确保学生安全通过。

　　由于叶安堂为人忠厚、办事公道,在村里享有崇高的威望,村民有邻里纠纷、家庭不和都愿意找他来调解,而他也总能站在公平的角度去化解这些矛盾。作为小桥村村民理事会成员,在他的倡议的带动下,叶家自然村全村参与募捐,修建了一条 1 千米长的绕村水渠,解决了村庄雨天涝、晴

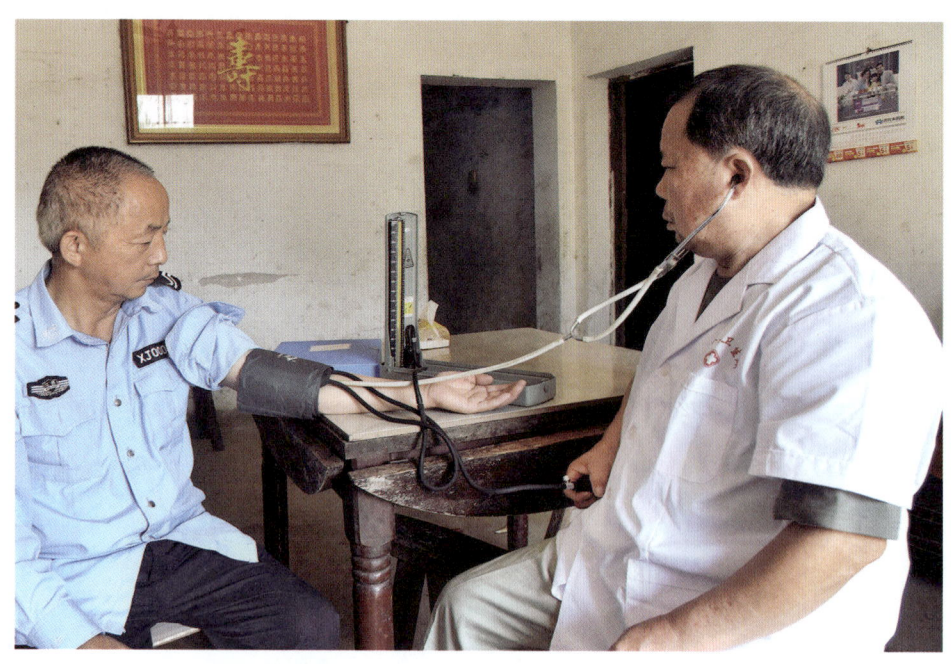

天旱的用水难题；翻扩建了叶家祠堂，使村民议事、活动有场所，同时也让优良的传统得以传承。

叶安堂的孩子在他的影响和教育下，都秉承着"勤奋好学、为人正直"的优良品格，通过自己的勤劳发家致富并回馈乡里，为村里的困难群众提供无私的帮助。现在，叶安堂的孙辈也一个个长大，2021年又有两个外孙考上了重点大学。

儿女们都觉得父亲当了一辈子乡村医生，从来没有休息过，也没有外出旅游过，劝他合适的时候退休。可叶安堂总说："当一名乡村医生，我从不后悔，只要村民有需要，我一定不离岗。"

"苔花如米小，也学牡丹开。"叶安堂是平凡的，乡村医生的岗位也是平凡的，但他以"仁心、敬业、济困、担当"的品格，在守护群众健康的路上绽放出最耀眼的光芒。

赖玉珍

致敬词

病毒无情,人间有爱。

当疫情来临时,你舍小家为大家主动请战。思念中,面对孩子,你是大家熟知的「网红妈妈」;抗疫中,穿着防护服,背上消毒桶,你就是没有硝烟的战场上那无畏的战士。

与病毒赛跑的疾控"网红妈妈"
——记"三风"榜样人物赖玉珍

赖玉珍,女,1986年出生,汉族,江西赣州人,农工党党员,现为南昌市青云谱区疾病预防控制中心卫生科科长。2020年4月,她被农工党江西省委表彰为"优秀农工党员"。

说起赖玉珍,可能很多人都不认识,但一说起2020年春节那个点击量过亿视频中的疾控"网红妈妈",可能大家就都有印象了。面对突如其来的新冠肺炎疫情,赖玉珍放弃休假,主动请战,第一时间回到工作岗位,坚守在基层疫情防控的第一线。如今,她依然在这场没有硝烟的抗疫战场上,以战士一般的勇敢无畏和坚忍顽强,用实际行动诠释一名疾控工作者的奉献与担当。

丹心如故,热爱与坚持中再展"网红妈妈"风采

2020年2月,一个《母亲坚守南昌战"疫"一线 儿子隔着屏幕狂叫"妈妈"》的12秒短视频在抖音平台两天收获点赞100万个,阅读量突破1亿大

关，被新华社、凤凰网、大江网、南昌新闻网、南昌电视台近百家媒体报道，视频中的这位妈妈，就是赖玉珍。作为始终坚守在战"疫"一线的"网红妈妈"，她没有沉醉在"网红妈妈"的虚荣下，而是更加努力投身疫情防控工作，发挥"网红"效应积极宣传疫情防控工作。

赖玉珍和同事走进街道社区，以短信、微信、QQ、抖音、快手等为载体，通过推送防疫公益片、温馨提示等，向群众宣传防疫知识，用群众喜闻乐见的形式，让防疫的声音传到千家万户，让大家足不出户便能了解疫情动态，了解疫情防控科普知识和相关信息，有力推动了打通防疫宣传"最后一公里"。

为讲好抗疫故事，增强疫情防控宣传的传播力和影响力，赖玉珍担当主演了微电影《一念之差》。通过讲述抗疫一线人员的真实感人故事，电影热情讴歌了抗疫一线人员的奉献与付出，让抗疫故事被更多人传颂，极大地鼓舞了广大疾控工作者，增强了人民群众战胜疫情的必胜信心，凝聚了打赢疫情防控的强大精神力量。该影片荣获南昌市2020年度电视教育片视频类二等奖。

细心流调,让诸多的不理解换来更多的关注与支持

如果说,发出病毒预警的医生是"吹哨人",那么像赖玉珍一样进行流行病学调查的疾控工作者就是"守门人"。把外来的病毒及时封堵,把传播的链条迅速斩断,就能有效减轻下游医疗救治的压力。而对密切接触者排查是整个流调工作的关键,是与病毒赛跑,与时间赛跑,与生命赛跑!

青云谱区有南昌市大部分进口农产冷冻品。众所周知,国内、省内出现的多起食品外包装新冠病毒检测呈阳性事件,均与进口冷冻品相关。但许多人不知道的是,每一份检测出阳性的冷冻品背后,可能是数十人的流调团队、数千条的流调信息、数万个电话的反复筛查和反复核实。赖玉珍和同事们,一方面要"往前看",找到病毒的溯源地,另一方面要"往后追",追踪病毒的传播轨迹,把接触到的人全部找出来。

线索的逐一摸排,既耗费时间又耗费精力,考验疾控人的智力和判断力。一张桌、一把椅、一支笔、一台电话、一张嘴,就是赖玉珍们防疫的"武器"。为了早一分钟排查到人,早一分钟摸清传染源头,赖玉珍总是第一时间与阳性物品或场所近距离接触。她深知会有怎样的危险,自己可能随时与新型冠状病毒"零距离"接触,但她没有半点犹豫和退缩。询问信息,察看监控,盯着视频一看就是几个小时,每一帧画面都不放过。为了及时斩断病魔传播之链,减少更多人感染的潜在危险,她不分昼夜联系密切接触者,问清每一个关键点,不遗漏每一个细节,以便研判疫情波及范围,划定疫点疫区。

流调工作的背后充满了紧张和辛苦,有时满腔的热血还会变成满腹的委屈。有一次,赖玉珍用电话对密切接触者进行追踪时,电话那边传来的却是嬉笑谩骂。一开始不管赖玉珍如何解释,对方始终认为她就是一个骗子,还说要打110报警。后来赖玉珍结合对方的轨迹信息,从对方的角度出发动之以情,又从法律的角度出发晓之以理,让对方感到真诚而不是被欺骗,对方才放下戒备,把自己的情况进行了报告。经过赖玉珍与同事们耐心细

致的工作，许多密切接触者从一开始的抵触，慢慢转为积极地配合，到后来主动配合防疫工作，帮助做好防疫宣传。赖玉珍说："尽管有委屈，但付出是值得的，这种转变是对我们工作的最大肯定！"

尽心尽责，即使负重采样也要勇敢"逆行"

南昌素有"火炉"之称，2021年的7月，平均气温更是达到历史同期最高。除了要完成紧急的流调工作，作为卫生科科长，赖玉珍还承担着全区公共场所的卫生监测及隔离点和疫点消毒后的效果监测任务。隔离点的启用，赖玉珍要去指导如何做好防护，如何做好消毒，如何加强人员信息管理和监测到位；隔离点的撤离，赖玉珍要带着同事们做物表涂抹样采集，确保每一个隔离点使用完后都能安全回归社会，不让病毒流出一个。

正是在这最热的季节，一例境外输入病例在青云谱区第五医院就诊，给赖玉珍和同事们带来严峻挑战。由于中心人员少，女同志多，外表柔弱的她主动请缨到第一线污染区开展采样登记工作。在污染面积大，污染物品多样化的环境下，核对信息、交代注意事项……采样登记工作看似简单，但在大热天就不简单了，尤其是在身穿防护服隔离衣，面戴口罩面罩及手戴两层手套的情况下。"我知道这项任务累，知道这项任务苦，但这是我的本职工作！"赖玉珍穿上密不透风的防护衣，背着重达几十斤的采样器材对疫源地及相关密切接触区域开展采样，一待就是一整天。密不透气的防护装备让她汗流浃背，汗水浸眼，防护眼镜也被水雾糊住，衣服时常是湿了又干，干了又湿。经过洗手、剥除外层手套、更换面罩、替换防护服、脱落脚套、再清洗消毒等步骤脱下防护装备后，她的衣服往往是全部湿透，仿佛刚从水中捞出一般。超负荷的工作让赖玉珍累得腰痛站不起来，但她始终坚持着，没有让工作热情受到一丝影响。

"我感到，我们的工作是有价值的，特别是看到大爷大妈能到菜场放心买菜，年轻人能到影院安心看电影，学生们能在学校里愉快地学习，一切

的付出都是值得的!"在赖玉珍和同事们共同的努力下,由于采取了有效的防控措施和精准的防控策略,有效地阻断了病毒的传播途径,青云谱区没有发生一例本地病例,有效地遏制住了疫情的传播及扩散。

新冠肺炎疫情防控任重而道远。从国内新冠肺炎疫情的局部小规模暴发,到世界上德尔塔型新型冠状肺炎病毒的不断扩散,都在时刻提醒着每一个人,疫情还远远没有到结束的时候。赖玉珍们的疫情防控工作也还在继续,还在继续与时间赛跑,与病毒赛跑……因为她是疾控人,因为她是孩子的母亲,因为心中那一份初心和使命让她不断前行。她说,等疫情结束,她要抽空带着女儿和儿子回到老家,雨后上山采蘑菇、竹笋,闲时坐庭院看繁花落、山雾起,细听竹叶声……

尹丽丹

致敬词

服务社区，尽心尽力。

应对新冠疫情，你冷静沉着；面对社区居民，你热情似火。「事事有人管、难有人帮、苦有人问、喜有人贺。」你用真情化解矛盾，你用真诚温暖群众。

扎根社区基层　十年倾心为民
——记"三风"榜样人物尹丽丹

引领崇德向善，倡导见贤思齐。身边榜样的凡人善举，引领越来越多的人受到"三风""三有"的感染和熏陶，涵养城市文明，赋予发展力量。其中，就有一位扎根社区10年的党总支书记，她就是南昌经开区蛟桥镇黄家湖社区党总支书记、居委会主任尹丽丹。一路走来，她争做"三风""三有"的倡导者、实践者，先后荣获南昌市最美志愿者、南昌经开区终身教育材料制作二等奖、蛟桥镇优秀党务工作者等荣誉，所在社区获得南昌市三八红旗集体、南昌市最美志愿服务社区、南昌经开区全区先进党组织、南昌经开区文明社区等荣誉。其事迹被中央电视台《新闻联播》《江西日报》《江西新闻联播》等先后报道。2020年4月，由尹丽丹担任宣传员，南昌广播电视台拍摄的《疫情之后的南昌》复工复产宣传片在南昌地铁、公交站台播出。

勇做"三风"倡导者，构建"五心"联动品牌打造明星社区

2019年5月，根据组织安排，尹丽丹被抽调筹建万科金域社区。在筹建伊始，她就对社区党建方面的工作进行了深度思考。经过一段时间的摸索，她创新打造了"'五心'联动绘初心"党建品牌。通过悬挂红色小标语、播放红色电影、建立党员教育宣传栏等形式抓牢了社区党性教育主阵地，营造了"红心向党"的浓厚氛围；组建"诚心为民"志愿服务队，开展治安巡逻、流动人口管理、民事纠纷调解、环境保护等服务项目；通过"微心愿"、邻里中心便民超市、在职党员进社区等平台，为困难群众提供事务代办、家电维修、免费义诊、文化培训等"暖心服务"项目；精心设立"爱心帮扶"岗位，为辖区居民提供各类帮扶服务；对社区发展、居民困难等方面遇到的瓶颈"凝心破题"，积极探索党建引领基层治理新模式。

"我感觉，现在小区环境更整洁了，也更安全了，还有各种各样的服务提供，社区的工作我们很满意。"对于"'五心'联动绘初心"带来的成效，万科金域国际小区21栋居民陈大爷深有感触。尤其是在2020年疫情防控期间，尹丽

丹就站到了疫情防控最前线，筑起了社区的"防护墙"，充分发挥了党支部的战斗堡垒作用和党员先锋模范作用。她当时所在的社区有200多人实行了"居家隔离"措施，每日需要两次上门测量体温，登记有关信息，同时为保障居民的正常生活，她和社区干部还充当起了"外卖员"的角色，无惧病毒风险，忙碌奔走在小区的楼道。2020年2月24日，央视《新闻联播》头条新闻对万科金域社区的疫情防控工作进行了聚焦关注。一时间，万科金域社区成为远近闻名的"明星社区"，尹丽丹也成为居民口中的"网红书记"。

甘做"三有"实践者，开展基层民主协商打造和谐社区

2020年9月，尹丽丹被安排到黄家湖社区担任党总支书记。黄家湖社区是企业改制形成的社区，老龄化问题突出，信访维稳压力大……为了啃下这些"硬骨头"，尹丽丹通过组织开展基层民主协商"三有"活动，创新性地推出了"五方解两难"（五方，即在社区党组织领导下，社区居民委员会、物业公司、业委会、共建单位五方联动；两难，即解决党员进社区难、小区管理难）工作法。当收到居民反映"办公楼外的木亭中没有固定的座椅，居民娱乐休闲不方便"的诉求后，社区通过"三有"活动程序，召开协商议事会，达成一致：对木亭破损部位进行维修，增设座位，对周边环境进行微小改造。随后物业及业委会对现场进行了察看，确定了可操作的方案，提交社区审议。社区链接社会资源，自筹资金1万余元对木亭进行了维修，增设了座椅，对周边环境进行了改造，不到两周的时间就把此处打造成了一道亮丽的社区微景观。"我们坐在这里聊聊社区的大事小事，心里也舒坦。"许多居民闲来无事，就到这坐坐，这样的日子令他们倍感舒心。

以往，社区多采用"一手包办"的方式处理与居民生活相关的大事小事，居民参与社区治理的积极性不高。在开展"三有"活动中，为了让居民主动参与社区事务，增强居民民主意识、协商意识，尹丽丹积极探索社区"居民提案"工作方法，通过民意立项，逐步建立起居民参与社区自治的意识，

实现了社区管理和居民自治的良性互动。"现在大家的事情大家办,社区给了我们自治的机会,小到健身器材的维修,大到户外议事平台的搭建,每一处整改我都全程参与。"因为参与"三有"活动,居民熬熙明感到自己真正成了社区"主人翁"的一员。

帮被骗居民采取理性的法律途径追讨钱款、协调建设电动车棚、协商解决商户油烟问题、为老年人增设休闲座椅、为孩子增设游乐设施、策划"老年合唱团"……一年来,尹丽丹在黄家湖社区"三有"协商议事室先后化解了100多个问题、200多件事情。正是这些"小事",逐渐化解了居民的芥蒂,她也由此得到了大家的信任和支持。

争做道德推动者,坚守基层服务群众打造幸福社区

一个人做一件好事容易,而坚持做10年甚至更多年却并非易事。10年坚持,尹丽丹倾心为民的脚步虽不易但执着而坚定。更难能可贵的是,在尹丽丹的引领下,黄家湖社区越来越多的人投身爱民为民的大潮,躬行善

举的"血液"在整个社区流淌。"党员故事会""小区议事会",在社区年年讲、日日传,教育引导居民爱党、爱国、爱社区。"有时间做志愿者,有困难找志愿者。"如今,"志愿服务文化"已在黄家湖社区"开花结果",并在提升居民生活品质方面发挥着重要作用。目前社区有200多人注册成了志愿者,成立了7支特色志愿服务队伍,辖区呈现文明新风扑面、人际关系亲密、管理服务完善、居民安居乐业的喜人局面。

"只有把群众的事装在心中,把居民当作家人,社区的工作才好开展。"尹丽丹把群众的小事当作社区工作人员的大事,以工匠的精益求精的态度让群众拥有更多获得感,赢得了民心、凝聚了民力。尹丽丹是残疾人、困难家庭的守护人,是单亲家庭的好姐妹,是生病住院居民的"心灵鸡汤"。智力残疾的青年何某勇,总爱用他那不利索的话说:"小尹书记好,小尹书记像姐姐!"

尹丽丹没有豪言壮语,也没有雄心大志,就是十年如一日默默坚守在社区的岗位上,希望所在的社区"事有人管、难有人帮、苦有人问、喜有人贺"。"从30岁到40岁,我一生中最美好的芳华,献给了社区,但是我毫无怨言。未来的我,仍将用自己的微光点燃无限的希望。"10年的风风雨雨,10年的酸甜苦辣,尹丽丹就是这样,她争做"三风""三有"的倡导者、实践者,用真心守住了初心,用爱心焐热了民心。

魏 明

致敬词

美化城市，有我有你。

当人们进入梦乡，你开始一天的奔忙。，从街道的寂静中走向晨曦朝阳，你挥洒着汗水和19年的时光。熟悉的旋律中，平凡的岗位上，你为城市的美好打扮梳妆。

明子哥的"明天"
——记"三风"榜样人物魏明

尽管窗帘盖住了整扇窗户,但午后强烈的阳光,依然如空中射来的利箭,透进了这个十来平方米的小屋里。木板床上,一个黝黑的汉子在微微的鼾声中,似乎被什么惊醒了,一把坐了起来,抓起衣服一边套一边跑。

"老娘,老娘还在等我!"汉子嘟囔着冲下了楼。

"明子哥,这么急,哪里又着火了?"邻居打趣道。

"比着火还急!"汉子回了一嗓子,急匆匆地跨上电动车。

"今天到我家吃饭吧?"邻居拉住了他。

"明天吧,明天来!"汉子头也不回地答道。

"你都说第几次明天了!"邻居无奈又理解地望着疾驰而去的他。

邻居街坊口中的"明子哥"姓魏,名明。魏明是一名洒水车司机,经常需要值夜班到凌晨,他起床的时候,邻居往往都吃过午饭了。到了晚餐时间,魏明又要到公司里准备出车前的各项安全检查,晚饭只能到公司食

堂对付一下，所以，正儿八经要聚餐只能是"明日复明日"。

邻里乡亲的"热心肠"

明子哥口中的"老娘"不是他亲娘，是住在南昌市西湖区系马桩街60号的"章老太"。这位80来岁的老太太独自居住，行动不便。5年前，章老太在外跌了一跤，被路过的魏明扶起来送到了医院。出院后，魏明就常常来探望她。尽管开洒水车的收入不高，但逢年过节他都会给她带点吃的，章老太日常买米买油等重活，都被他包下了，俨然一家人。

今天和章老太约好了上医院复查心血管疾病，魏明和同事换了班，他知道这可不能耽误。章老太安静地在家等着。昨天在电话里魏明说："明天带你去医院。"尽管已是下午时分，但她心里知道：明子一定会来！魏明接章老太来医院已接近下午4点，挂号、排队、刷医保卡、拿药，忙得他竟忘了吃"早饭"。出了医院安顿好章老太，回家已经是晚上。

尊老爱幼、互帮互助，像是魏明身上流淌的血液，已经印刻在他心中的一种本能。遇到周末难得的休息时间，魏明还常常利用自己懂机械、动手能力强的优点，无偿帮助周边邻居装电线水管、修桌椅等。在他眼中，这都是举手之劳，却收获了自豪和快乐。当他帮助过的人要感谢他时，魏明常常挂在嘴边的一句话就是"明天再说吧"。

见义勇为的"排头兵"

在同事眼中，无论遇到什么事情，"明子哥"常常是第一个冲锋在前，天生嗓门大的他，干啥都自带号召力。在历年的抗冰雪任务中，魏明每次都主动带着一帮工作中的好兄弟，开着大型铲雪车，昼夜不停地轮换推铲积雪，饿了在车上啃个面包，渴了喝一口自带的白开水。

2020年末，南昌遭遇冰冻寒潮天气，夜间突降大雪，八一大桥桥面被冰冻了，早晨路过的车辆因为打滑歪歪扭扭地前进。一辆小车在上桥斜坡处因为打滑无法前行，停在中间，车主万分着急。执行抗冰除雪任务的魏明，正开着铲雪车除冰雪，看到情况危急，他急中生智，让同事先将车上用于融雪的工业盐铺在小车下面，增加轮胎的摩擦力，自己则和其他人在车尾顶住汽车阻止它继续下滑。在众人的努力下，车辆终于离开了斜坡。魏明立即跳上停在一旁的铲雪车，利用巨大的除雪板一路开道，在交通早高峰来临前，在桥面上铲出了一条安全通道。

"明子哥"常和同事说："大家称呼我们为'马路天使'，那我们不能光扫马路，关键时刻我们得像个天使。"2018年的一个晚上，魏明开着洒水车在马路上降尘，突然发现路边一辆出租车自燃起火了，火势凶猛，万分危急，出租车司机跳出车子，站在一旁束手无策。在马路另一边的魏明见状立即将洒水车停住，将高压水炮打开，水流快速划过马路中间，像一道彩虹桥，涌向自燃的出租车，很快，火情得到了控制。出租车司机非常激动，握着魏明的手一再感谢。魏明欣慰地憨笑着，临走时还不忘进行安全提醒，让出租车司机多检查车况，多备个灭火器。

社会正能量的"广播员"

生活中的魏明虽然"大大咧咧",工作时的他却一丝不苟。洒水车班的工作性质是长年累月开着"大车"在道路上跑。作为洒水车司机,魏明深知安全行车是驾驶的前提,"手握方向、心系万家",今天认真仔细检查,才能换来明天安全幸福回家。

作为一名"老南昌人",也是洒水车班的班长,魏明根据自己多年的行车经验,按道路、季节、车况、任务等情况,对危险点进行预判分析,并记录在手机里,通过微信等方式,及时给同事们提出许多安全小建议,还编制成安全注意事项和朗朗上口的顺口溜,使环卫车驾驶员在行车中做到心中有数,提高警惕,保障道路安全。

"安全像把锤,拿着它能把家回,丢了它把幸福砸碎。""出车前检查周全,出车后干净整洁!""夜班干环卫,确实都很累。不注重安全,妻儿没法睡。"一句句顺口溜,黝黑壮实的魏明写了一大本,常常用各种形式挂在车上或发到工作群里提醒大家。在同事的眼中，他开朗仔细，再大的困难和压力也没法难倒他。有了魏明这个"广播员"，安全就像长了翅膀，时不时就钻进了自己的耳朵。

在日常生活中，魏明还常常在邻居街坊中传播爱国情怀，一有空就参加社区的义务劳动。"我在道路上经常看到社会主义核心价值观，富强、民主、文明、和谐……诚信、友善，国家现在富强了，我认为这些价值观起了很大作用。习近平总书记说，国无德不兴、人无德不立。我们都按这些正能量要求自己，家庭就会有美好明天，国家就会有美好明天。"魏明如是说，也如是去做。

"他的优点就是责任心强、公德心强，这种人生应该更有意义。"妻子对魏明"早归晚出"日夜颠倒的生活作息和热心帮助他人的行为，从起初的不理解再到后来的认同和习以为常，现在还经常帮着魏明一起做一些力所能及的好事。

魏明说："一个篱笆三个桩，一个好汉三个帮，只要大家团结一心，劲往一处使，我们的城市环境一定能搞好。"魏明以他的敬业精神和无私奉献精神，弘扬了"宁愿一人脏，换来万家洁"的行业精神，脚踏实地地做好本职工作，践行社会公德的要求。"我是洒水车司机，明天对于我来说，大部分是在夜晚中度过，但我心中的明天却充满了阳光。"

朱平秋

致敬词

春华秋实，积善成德。在老人们心目中，你是福利院的院长，更是自己的亲人。老吾老以及人之老，七年的光阴故事，你为他们做的点点滴滴，带着欢声笑语，带着『家』的温暖含义。

为老人打造幸福港湾
——记"三风"榜样人物朱平秋

在南昌市西湖区,一位中年男子七年如一日,扎在老人堆里乐此不疲。与他没有任何血缘关系的老人们,一天没看到他就要喊:"崽啊,你去哪了?"老人眼中的"崽",就是西湖区社会福利院院长朱平秋。

为住养老人办实事

2014年9月,西湖区社会福利院领导班子调整,在西湖区婚姻登记处担任主任的朱平秋主动请缨,找到局领导,说:"让我去试试吧!"成为西湖区社会福利院院长后,他全身心扑在了工作上,几个月几乎没有回过家。协调公交公司开通微公交,解决交通不便问题;设置大型公共晾晒场,解决老人晒衣服不便问题;制作宣传单,率领工作人员到菜市场、社区派发,提高社会福利院的知名度;制定夜间值班制度,确保老人生命安全。社会福利院里的老人大部分为失能、失智老人,他第一个作示范,给老人理发、洗澡,推老人遛弯。"谁都会老,老人的今天就是我们的明天,一定不能嫌

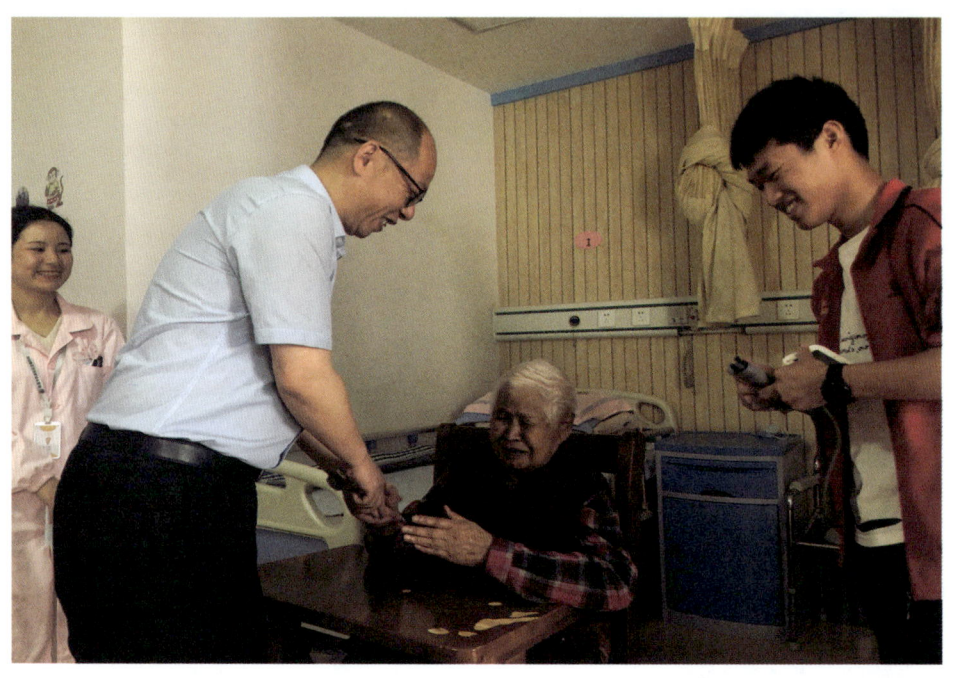

弃老人。"他对别人说得最多的是这句话。

把住养老人当亲人

为了老人，朱平秋没有节假日。七年来，每年的除夕，他都坚持为老人准备年夜饭并陪他们守岁。热闹的年夜饭让孤寡老人感受到了来自社会福利院这个大家庭的关怀与温暖。大年初一，他在院里值班，与工作人员一起给老人们发贺岁红包，给老人们送去新春的祝福。有感于他与社会福利院工作人员的悉心照顾，老人们联名向上级部门写信，"感谢共产党给了我们幸福的晚年"。西湖区政府主要领导作出批示，"区社会福利院各项工作做得很踏实、很细心，赢得了老人们的一致称赞"。用心用情关爱老人，老人也自然从心里喜欢上这位和蔼可亲的院长，老人们不管朱平秋叫院长，而是用南昌方言喊他"崽"。

注重老人节日活动

朱平秋来到区社会福利院后,每年传统的端午、中秋、重阳、小年等节日,细心的他都会提前跟老人们拉拉家常,了解他们的兴趣爱好后,一一记在心里。到了节日来临之际,朱平秋动员老人们报名参加活动,让他们成为节日活动舞台上的主角。活动结束后,他还会按南昌的节日习俗,给老人们准备丰盛的节日美食,让老人们玩得开心、吃得高兴。"新华社、人民网、江西电视台、《江南都市报》、中国江西网等主流媒体每年都会过来采访,而且《人民日报》、《江西日报》、《南昌日报》还以头版报道活动现场。"江西五套记者廖怀富说。

事必躬亲养老服务

从 2016 年开始,朱平秋在社会福利院开展了养老机构标准化建设,从硬件设施标准化到服务管理机制标准化,投入资金用于消防设施、无障碍化提升改造及智能监控中心打造。老年评估系统获得全国第三名,微型消防站在全市养老机构检查评比中排名第一,与 6 家院校签订实训合作协议,同时,完善各项服务管理标准。工作成果得到中国社会福利与养老服务协会的高度评价,西湖区社会福利院成为中国社会福利与养老服务协会常务理事单位。2018 年底,西湖区社会福利院成为国家标准化管理委员会实施的国家级服务业标准化试点项目试点单位;编写 180 余篇服务标准,并形成 1 个江西省地方标准——《老年社会福利院养老服务规范》,填补了江西省公办养老服务机构地方标准的空白。2019 年 11 月,西湖区社会福利院以96.5 分的成绩通过江西省市场监督管理局对国家级服务业标准化试点工作进行的中期评估。2020 年 8 月,西湖区社会福利院参与编写了《江西省养老护理员培训教材:2020 版》,并独立完成了教材中"失智照护"章节的编写。2021 年 8 月 13 日,在全市养老机构安全风险防范工作交叉检查中,西湖区

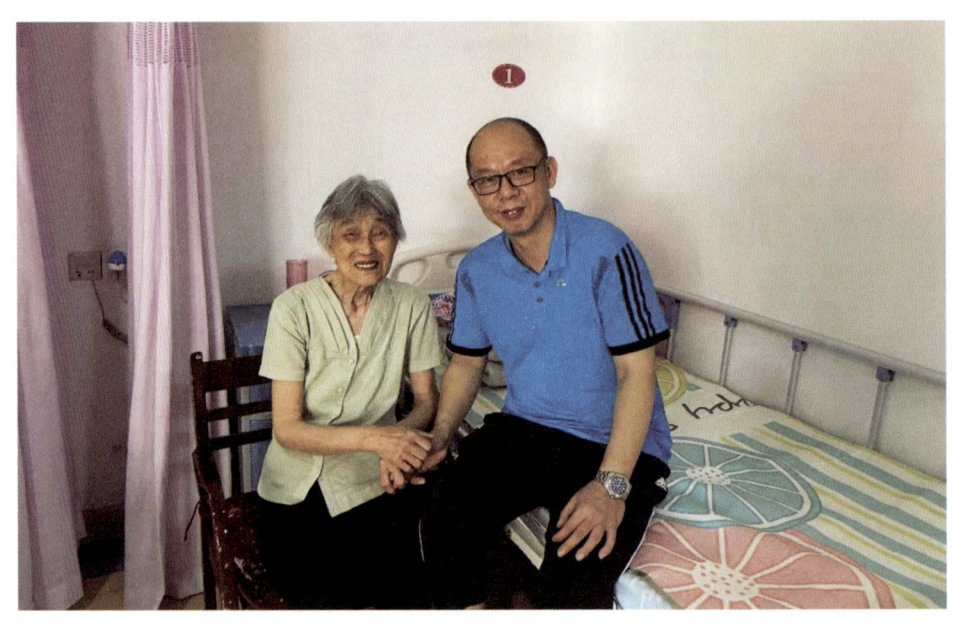

社会福利院得到了检查组的充分肯定,获得了 99 分的好成绩。

朱平秋是一个善于出思路、出新招的人。他打造的家庭单元式失智专区,借鉴台湾双连先进照护模式和经验,使照料服务更人性化,成为江西省唯一的大家庭失智专区示范模式。他还打造了日间照料中心,辐射周边社区老年人,实现了 5 公里服务区,为居家老人提供了和机构老人一样的专业服务,使日间照料中心和失智症单元照护区成为西湖区社会福利院的两大特色。

做强做大养老事业

从 2014 年朱平秋担任院长以来,西湖区社会福利院从一期扩建到二期。为新建一所现代化的社会福利院,他积极争取,多次向上级部门请示报告,与区政府有关部门联系沟通,反复宣传养老事业的重要性、紧迫性和必要性。他躬身亲为,奉献身心促养老的精神,感动了各级领导,得到了区党政主要领导的高度重视。为支持社会福利院二期工程建设,区委、区政府决定划地 28 亩，拨专款 1.8 亿元。二期工程的建设，彻底改变了区社会福利院的面貌，大大改善了老人们的住养条件。2018 年 4 月，西湖区社会福利院荣获南昌市五一劳动奖状。随着西湖区社会福利院知名度的提高，越来越多的社会爱心人士和志愿团体自发前来开展志愿服务。一位社会志愿者说："朱院长，在您身上，让我看到了照顾老人的意义与使命感，更看到代天下儿女行孝的担当。"志愿者说，希望社会福利事业出现更多的朱平秋，通过大家的努力，让社会福利事业更好地传承下去，这才是老人们的福音。

为使老人增强获得感、幸福感、安全感、归属感，2020 年以来，朱平秋投入抗击新冠肺炎疫情中，带领团队为老人们的身体健康与生命安全保驾护航，实现了零感染、零疑似、零确诊的目标，将区社会福利院打造成温馨、舒适的"安全岛"。

眼下，朱平秋正着力在党建工作有新成效、标准化建设有新起色、养老服务有新提高的"三新"管理工作中下功夫，将区社会福利院打造成可复制、可推广的公办养老福利机构，成为全省政府养老服务事业的标杆。

徐丽

致敬词

美丽心灵,引领前行。

爱是一道光,那么美妙,你用它照亮了孩子的未来。运动是一扇门,如此亮堂,你指引孩子走出暗夜走向阳光。你给孩子一双发现的眼睛,让他们看见自己想要的美好前程。

做孩子们心里的那道光
——记"三风"榜样人物徐丽

有一种奉献，叫无私；有一种付出，叫忠诚；有一种行动，叫坚守。在南昌市盲童学校，有一支由 13 名特殊孩子组成的跳绳队——"光明行"跳绳队。2018 年，刚刚离开大学校园的徐丽克服重重困难成为这支跳绳队的教练，带领这群身处黑暗的孩子跳动起来。她在特殊教育这片园地里尽情挥洒青春的汗水，做出了不平凡的成绩。

研究教学方法，带领跳绳队跳出好成绩

作为一名体育教育花样跳绳专业的应届毕业生，徐丽原本有很多择业机会。大学时期的志愿活动经历，使她被盲童跳绳队的孩子们深深感动，对他们有了一份特殊的牵挂。正是这份牵挂，让她毅然选择了到盲童学校任教。

在黑暗中跳绳并不简单，每个新动作都会带来新的挑战。因为视力障碍，跳绳队的孩子们没办法像正常人一样观察、模仿，因此对新动作概念、空间性的理解十分困难。为此，徐丽琢磨出了"语言描述＋动作讲解＋手把

手纠正"的特殊教学方法，不厌其烦一遍又一遍地讲解，让孩子们在反复练习中领悟动作要领。

付出终有回报。2019年第十届残疾人运动会盲人跳绳比赛中，徐丽带领的"光明行"跳绳队荣获女子双人花样全国第一名，实现了南昌盲校金牌零的突破。对于盲校的孩子们而言，跳绳不仅是一门课程，更是一道开启未来生活的光。因为跳绳，孩子们得以走出家门，代表学校到全国各地参加比赛，增长阅历；因为跳绳，孩子们收获了从未有过的雷鸣般的掌声和沉甸甸的荣誉；因为跳绳，孩子们不再寂寞，不再自卑；因为跳绳，孩子们体会到前所未有的自信和幸福。学生肖某韵妈妈说，孩子学习跳绳，参加跳绳比赛之后，不仅身体形态越发挺拔，身高长了不少，而且整个人的精神面貌比以前好多了。孩子告别了自卑，变得更加开朗，更加自信，不再把自己一个人锁在房间里，而会主动走出房间和他人交流，同时也成了大家庭里的骄傲，弟弟妹妹们纷纷表示要向姐姐学习跳绳，以姐姐为榜样，努力拼搏。

2020年10月27日,中央电视台《晚间新闻》栏目将目光聚焦在了南昌市盲童学校这支跳绳队上。而后,央视体育频道、新华社、《中国日报》《华夏时报》、《南昌晚报》、南昌一套等相继进行了报道。

加强学习,提高个人业务能力

2018年9月,徐丽踏上了教育的"三尺讲台",享受这份太阳底下最光辉的事业,从那时起,她就把人生的坐标定在了为特殊教育献身的轨道上。

为了使视力障碍学生学习更多知识,更好地融入社会,徐丽坚持不懈地完善自我。2020年11月,徐丽参加全国残疾人跳绳中级教练员、裁判员网络培训。课程期间,她不仅要完成学校工作,还要带领跳绳队进行日常训练,只能利用晚上时间参加培训。为了及时完成培训的任务,她经常写教案做教具到深夜。功夫不负有心人,在刻苦努力下她最终成功拿到跳绳中级教练员、裁判员证书。这次培训,不仅丰富了她的教学理念和教学知识,

更为她今后的教学打开了新的思路。她给自己的工作确立了新的目标：教孩子们更好地掌握动作，体会运动的独特魅力，让每一节课都成为精雕细琢的示范课。

作为一名跳绳专业的毕业生，徐丽并没有因为工作了就放弃对专业的要求，除了带领跳绳队参加比赛，她也经常参加各种比赛，在专业上不断精进。

2019年9月，她获得江西省第四届职工运动会八字跳绳（产业组）第一名和女子跳绳（产业组）第三名；疫情期间，她参加2020年南昌市首届线上战"疫"跳绳速度赛（成年组）获得市级二等奖；2021年3月，她荣获南昌市五一巾帼标兵荣誉称号；2020年5月，她荣获全市优秀共青团干部荣誉；2019年11月，她获得市级特殊教育教师技能展示活动三等奖；2019年5月，她获得全市优秀共青团员荣誉称号。

热爱孩子，做他们心中的好老师

徐丽说："虽然孩子们看不到光，但是要让他们心中有光。"对跳绳队的孩子们来说，徐丽是宽严相济的良师益友，而对徐丽来说，孩子们的坚韧和努力，让她感动不已，更让她多了一份责任感和使命感。

2019年5月，徐丽带领学校跳绳队参加全国第十届残疾人运动会暨第七届特殊奥林匹克运动会盲人跳绳比赛，范某藤、肖某韵两位同学荣获女子双人花样全国第一名。比赛开始前，也许是怕其他队伍的水平高于自己，也许是初出茅庐紧张，两位同学脸色非常凝重。徐丽见了连忙安慰她们："不用害怕，老师一直和你们在一起。"带领她们上场后，徐丽走上观战台，内心无比紧张地注视着赛场。音乐响起，两位同学带着一股不服输的精神，开始了她们人生当中的第一次比赛，配合得十分默契，发挥得很完美。快到结尾，将要进行换绳环节，徐丽担心她们找不到绳而错失完成动作，便拼命地敲打地面并呼喊她们。看到她们准确地找到绳具并且挥舞着、跳跃着直到完美地完成整套动作，徐丽第一时间奔向她们，拥抱她们，和她们一道享受成功的喜悦。

作为教练、老师，徐丽不让任何一位学生中途掉队，学生在她的眼中个个都是纯洁美好的天使，她始终坚信教师对学生的引导作用。她说："虽然孩子们是被命运局限的人，但幸运的是，他们没把生活过得那么局限。"在她的关爱、宽容和唤醒下，孩子们茁壮地成长起来。

徐丽以高尚的师德、爱生如子的情怀、渊博的学识、精湛的教艺、精益求精不断创新的工作态度，赢得了领导、同事、学生和家长的信赖和尊敬。她是一位出色的人民教师，在未来的日子里，她将继续带领孩子们拼搏，再创佳绩。

赵婷婷

致敬词

真心实意,乐在其中。

带着热心上门,你为居民做好事办实事;带着女儿加班,你是孩子的榜样大家的贴心人。居民群众在哪里,哪里就是你的办公场所。大家安居乐业就是你最大的幸福。

以百姓心为心　做群众贴心人
——记"三风"榜样人物赵婷婷

赵婷婷，女，汉族，江西南昌人，1988年3月出生，2009年4月加入中国共产党，大学本科学历，现任红谷滩区凤凰洲管理处上滩社区党支部书记、居委会主任。自任职以来，她认真履行社区党支部书记的工作职责，进千家门、解万家忧，时刻把群众冷暖挂在心头，真心实意为居民做好事办实事，是社区居民信赖的贴心人、大家交口称赞的"暖心书记"。

内强素质　增强服务群众的本领

作为社区党支部书记，赵婷婷深知一人行快、众人行远的道理，队伍强是做好社区工作的坚强保障。她坚持抓班子、带队伍，定制度、立规矩，加强和规范基层组织建设，深入推进"两学一做"学习教育常态化制度化，定期开展"三会一课"。同时，她坚持带头学习，主动向书本学，向老党员、老书记、兄弟单位学，不断增强自身能力，提高社区队伍的战斗力。几年来，

她团结带领班子深入群众、服务群众,依靠群众、奉献群众,圆满完成各项工作任务。她的个人素质和能力也在学习和工作历练中得到了提升,受到了各级的肯定和表彰。她荣获2018年全市禁燃工作先进个人、2018年红谷滩新区最美社区干部、2019年红谷滩新区三八红旗手以及2020年红谷滩区三八红旗手、优秀工会工作者、优秀共产党员等荣誉。

群众需求在哪 工作就跟进到哪

社区干部是党和政府联系群众的桥梁和纽带。无数个日夜,无数次在工作与年幼孩子间的挣扎选择,见证了赵婷婷扎根基层、情系群众,"舍小家、顾大家"的为民情怀。工作中,她严谨认真,经常加班加点,定期对辖区流动人口走访清查,逐一做好记录台账,每次要走访排查辖区内近600家企业、个体及重点场所。辖区的情况她了如指掌,社区居民的冷暖她更是常挂心上。她关心社区里的高龄老人、独居老人、孤寡老人,上门跟老人谈心,帮助老人打扫卫生,逢年过节给老人送去慰问品、慰问金。她说:"群众在哪里,哪里就是我的办公场所,群众安居乐业就是我最大的幸福!"

2020年是极尽考验的一年，战疫情、防洪水、创文明、普人口……在急难险重的任务面前，赵婷婷带头履职，义无反顾。哪里任务险任务重，哪里就有她的身影。为了保证小区安全，她带领社区干部日夜值守，经常工作到凌晨。面对要送发热病人上定点医院治疗等紧急情况，她只能一次又一次地把只有几岁大的孩子独自锁在家里，她用对孩子的亏欠换来群众的安心放心。她无数次在心里说："我不仅仅是孩子的妈妈，更是上千社区居民的书记，女儿会支持妈妈的。"疫情期间，她主动对接居家隔离的群众，了解他们的需求，疏导他们的负面情绪，询问他们的身体状况，帮助他们购买基本生活物品、清理垃圾等，保障了社区防疫形势的总体平稳。她在大战大考中践行初心使命，在攻坚克难中展现担当作为，时刻牢记全心全意为人民服务的宗旨，为促进社区和谐稳定发展做出了应有的贡献。她用坚持与执着书写着社区书记的人生芳华。

党建引领社区建设　　增强群众的幸福感

在工作中，赵婷婷坚持以党建为引领，牢固树立"党建+"理念，坚持问题导向，以强化社区治理为切入点，在社区邻里中心引入第三方服务，丰富社区文化生活，着力打造和谐幸福社区。在社区努力下，上滩社区邻里中心引进市场化、半市场化、公益性等不同业态，通过政府免费提供、购买、补贴提供服务，为辖区居民提供了城市书房、托幼服务、手工制作、歌舞排练、康复健身、养老日托、社区食堂、中医理疗、空中花园、VR 体验等功能区服务，满足了不同年龄层次居民休闲、养生、保健、娱乐、教育等多样化需求，最大限度保障了社区居民幼有所育、老有所养、病有所医、食有所安、居有所乐。中心正式开放以来，服务居民 1239 人次，接待市、区、兄弟县区等学习参观 227 人次。贴心的服务内容得到了辖区居民的高度认可，暖心的工作举措得到了《光明日报》《江西日报》等主流媒体的广泛报道。

社区离群众最近，联系群众最广，也是各种矛盾问题最为集中、突出的基层一线。赵婷婷深知矛盾处理不及时、不到位，影响社区和谐的同时，更影响党和政府在群众心目中的形象。全区开展基层民主协商"三有"活动以来，她借力发力，第一时间在社区打造了"三有"协商点，力求通过平台汇集、处理解决群众反映强烈的问题和矛盾。截至目前，她带领"三有"协商会成员召开了 3 次民主协商会议，为群众解决了 3 件难题，得到了居民的一致好评，得到了市政协领导的肯定。

"采得百花成蜜后，为谁辛苦为谁甜？"社区工作千头万绪，家长里短，既承担着把党和政府的各项政策落实下去的重任，又有着为千家万户解决操心事、烦心事的琐碎，没有惊天动地的壮举，只有日复一日默默地坚守与奉献。社区小天地，人生大舞台，在这里，赵婷婷以实干赢得了群众的认可，实现了人生价值。她说："群众的认可是我前行的动力，当社区书记我心怀感恩，无怨无悔。"

后记

为加强社会公德、职业道德、家庭美德、个人品德"四德"建设，发挥先进典型的示范引领作用，大力培育和践行社会主义核心价值观，南昌市组织开展了2021年度"三风"榜样人物推荐活动，注重发现在基层民主协商、文明创建、疫情防控、营商环境建设等方面的先进典型。2021年度"三风"榜样人物推荐工作采取属地推荐、系统推荐和群众推荐相结合的方式进行，通过层层发动和逐级推荐，扩大了活动影响，营造了全社会关注、支持"三风"榜样人物推荐活动的浓厚氛围，推动了"三风"活动向纵深发展。

《身边的感动——"兴家风、淳民风、正社风"2021

年度南昌市榜样人物》编选了 19 位（组）2021 年度南昌市"三风"榜样人物的先进事迹。他们是南昌市各行各业的优秀代表和先进典型，是需要我们大力弘扬，认真学习的榜样。家风正，则民风淳，民风正，则社稷兴。讲好"三风"人物的感人故事，弘扬好"三风"人物的先进事迹，对深入实施强省会战略，推动南昌高质量跨越式发展具有重要意义。

本书由南昌市政协主席卢伟平担任主编，南昌市政协副主席樊三宝、秘书长余刚，市"三风"办常务副主任饶小敏、副主任刘绍友担任副主编，南昌市市直有关部门、单位，南昌市"三风"办，南昌市各县区政协和开发区、管理局政协联络办工作人员参与编写。

由于时间仓促，加之水平有限，在编写过程中难免存在错漏或舛误，恳请读者批评指正。

编者

2022 年 6 月